SpringerTests

SpringerTests – unsere psychologischen Testverfahren für diverse Anwendungsbereiche bieten:

o Qualität durch transparente Gütekriterien und Orientierung an DIN 33430
o Testdurchführung digital oder mit (einer) Paper-Pencil-Version
o Digitale Anwendung auf moderner Testplattform: Individualisierbares Dashboard, Testung auch auf Tablet/Smartphone, vielfältige Auswertungsfunktionen und übersichtliche Ergebnisdarstellung
o Kontinuierliche Weiterentwicklung und Verbesserung der Plattform
o Weitere Informationen auf springertests.de

Weitere Bände in der Reihe: http://www.springer.com/series/16508

Katharina Voltmer • Maria von Salisch

ATEM 3-9 Adaptiver Test des Emotionswissens

Manual

Springer

Katharina Voltmer
Leuphana Universität Lüneburg,
Institut für Psychologie
Lüneburg, Deutschland

Maria von Salisch
Leuphana Universität Lüneburg,
Institut für Psychologie
Lüneburg, Deutschland

ISSN 2662-7612 ISSN 2662-7620 (electronic)
SpringerTests
ISBN 978-3-662-59357-8 ISBN 978-3-662-59358-5 (eBook)
https://doi.org/10.1007/978-3-662-59358-5

Die Deutsche Nationalbibliothek verzeichnet diese Publikation in der Deutschen Nationalbibliografie; detaillierte bibliografische Daten sind im Internet über http://dnb.d-nb.de abrufbar.

Springer

Springer ist ein Imprint der eingetragenen Gesellschaft Springer-Verlag GmbH, DE und ist ein Teil von Springer Nature.
Die Anschrift der Gesellschaft ist: Heidelberger Platz 3, 14197 Berlin, Germany

Vorwort

Junge Kinder sind abhängig von ihren nahen Mitmenschen. Über die Gefühlswelt ihrer Familienmitglieder, Kita-Gruppenleitungen, Lehrkräfte oder Peers zumindest ansatzweise Bescheid zu wissen, hilft ihnen, in diesen Gruppen zurechtzukommen. Denn dann können sie besser vorhersagen, wie andere sich ihnen gegenüber verhalten werden und wann es geboten ist, die eigenen Emotionen zu regulieren. Wenn Kinder ihre eigenen Emotionen benennen können, müssen sie weniger Zeit damit verbringen darüber nachzudenken und können sich einfacher Unterstützung durch Erwachsene holen. Das Wissen über Emotionen hängt insofern eng mit dem Wissen um deren Regulierung zusammen. Beides zusammen zählt zu den emotionalen Kompetenzen. Kinder mit einem fortgeschrittenen Emotionswissen sind in der Regel sozial kompetenter, leiden seltener unter klinisch-psychologischen Störungsbildern und erleben größere Erfolge in der Schule, und zwar sowohl auf sozialem als auch auf akademischem Gebiet.

Der Adaptive Test des Emotionswissens (ATEM 3-9) erfasst sieben Komponenten des Emotionswissens in einer Weise, die Drei- bis Neunjährigen Spaß macht, nämlich durch die (gemeinsame) Betrachtung einer Geschichte von zwei Kindern, die einen Zoo besuchen. Besonders beliebt bei den Kindern ist die Version auf dem Tablet, weil ihnen der Text vorgelesen wird. Auch die Computerversion können schon viele Erstklässler selbstständig bearbeiten, wenn sie eine Maus bedienen können. Eingebettet in die Schilderung des Zoobesuchs sind die 35 Items des ATEM 3-9, die für eine Profilauswertung der einzelnen Komponenten geeignet sind. Damit lassen sich Ressourcenprofile erstellen und Fehlannahmen oder Wissenslücken der Kinder aufdecken, aber durch mehrfache Vorgabe auch eine Überprüfung von Beratung, Therapie oder anderen pädagogischen oder psychologischen Interventionen erreichen. Inwiefern psychotherapeutische oder sozial-emotionale Förderziele erreicht werden, kann durch den ATEM 3-9 gut dokumentiert werden.

Im Folgenden finden Sie unter dem theoretischen Hintergrund in Kap. 21 Ausführungen zur Entwicklung des Emotionswissens sowie seinen Zusammenhängen zu den sprachlichen Fähigkeiten, den exekutiven Funktionen, den sozialen Kompetenzen, den Schulleistungen und den Störungsbildern der Kinder. Das Kapitel schließt mit einer Betrachtung von Geschlechtsunterschieden und migrationsbedingten Unterschieden beim Emotionswissen. Im drittenvierten Kapitel wird der ATEM 3-9 mit seinen sieben Komponenten vorgestellt. Kap. 43 ist der testtheoretischen Auswertung des ATEM 3-9 gewidmet, die an der Item-Response-Theory (IRT) orientiert ist. Die

Normierung des ATEM 3-9 ist Gegenstand von Kap. 54, das im Verlauf auf alters-, geschlechts- und migrationsbedingte Unterschiede eingeht. Untersuchungen zur Validität des ATEM 3-9 werden in Kap. 65 besprochen, u. a. der Vergleich mit einer Stichprobe von Kindern in kindertherapeutischer Behandlung. Das abschließende Kap. 76 behandelt Anwendungsfragen, wie etwa Fragen nach der Indikation, der Durchführung, der Auswertung und der Interpretation der Testergebnisse. In den Normtabellen im Anhang sind Intervallmitten-Prozentränge und T-Werte nach Altersgruppen und nach Mehrsprachigkeit getrennt zu finden.

Wir wünschen Ihnen viele neue Erkenntnisse über das Emotionswissen der Kinder durch den ATEM 3-9.

Ihre Rückmeldungen zum ATEM 3-9 nehmen wir gerne entgegen:

Dr. Katharina Voltmer (kvoltmer@uni.leuphana.de) und Prof. Maria von Salisch (salisch@uni.leuphana.de).

Danksagung

Der ATEM 3-9 wurde zum Teil in der multizentrischen Studie „Professionalisierung alltagsintegrierter sprachlicher Bildung bei ein- und mehrsprachig aufwachsenden Kindern“ entwickelt, die im Rahmen des Programms „Bildung durch Sprache und Schrift“ vom Bundesministerium für Familie, Senioren, Frauen und Jugend (BMFSFJ) mit dem Förderkennzeichen BIS00.00007.16 als Entwicklungsprojekt gefördert wurde. Wir danken den Kindern und ihren Eltern, Fachkräften und Leitungen von Kindertageseinrichtungen, die an dieser Studie teilgenommen haben. Unser Dank gilt unseren Verbundpartnern Katja Koch (TU Braunschweig), Claudia Mähler und Peter Cloos (beide Universität Hildesheim) und ihren Mitarbeitenden sowie der Vielzahl von studentischen Hilfskräften, die den ATEM 3-9 erhoben haben.

Zugleich bedanken wir uns bei den Studierenden der Leuphana Universität und aus anderen Hochschulen, die ihre Abschlussarbeiten über den ATEM 3-9 geschrieben haben. Dank gebührt außerdem den Kolleginnen Gisa Aschersleben und Corina Möller (beide Universität Saarbrücken), Anne Mareike Möller (Universität Leipzig) und Gerlind Grosse (FH Potsdam) sowie einigen kinderpsychotherapeutischen Praxen und der Kinder- und Jugendpsychiatrie der Universität Innsbruck (Leitung Prof. Dr. Kathrin Sevecke), die Daten zur Normstichprobe beigetragen haben.

Übersicht zum ATEM 3-9

Kurzbeschreibung:
Der ATEM 3-9 erfasst das Emotionswissen von Kindern von drei bis neun Jahren auf insgesamt sieben Komponenten. Diese Komponenten werden mit 35 Items abgebildet und spiegeln die Entwicklung des Emotionswissens in der frühen und mittleren Kindheit wider.

Testskalen:
Der Test umfasst die Skalen *Emotionen Erkennen, Situationen, Wünsche, Gemischte Emotionen, Überzeugungen, Ausdrucksregeln* und *Emotionsregulationsstrategien*. Die Skalen enthalten jeweils drei bis sechs Items. Untersucht werden die Emotionen Freude, Trauer, Ärger, Angst, Ekel und Überraschung.

Einsatzbereich:
Der ATEM 3-9 kann sowohl in der psychologischen Forschung als auch in der pädagogischen und klinisch-psychologischen Praxis bei Kindern im Alter zwischen drei und neun Jahren eingesetzt werden.

Durchführung:
Die Paper-Pencil-Version wird im Einzelsetting durchgeführt. Die Protokollierung erfolgt durch eine geschulte Testleitung. Bei digitaler Testung auf einem Tablet oder Computer kann die Durchführung bei Kindern im Schulalter in Kleingruppen erfolgen, wenn für die Kinder Kopfhörer zur Verfügung stehen und die Kinder mit der Bedienung der Maus vertraut sind.

Durchführungszeit:
Je nachdem, ob Sprung- und Abbruchregeln angewendet werden, dauert der Test durchschnittlich zwischen 15 und 30 Minuten. Bei Vorschulkindern etwa 10 bis 20 Minuten, bei Schulkindern etwa 20 bis 30 Minuten.

Auswertung und Interpretation:
Die Auswertung erfolgt entweder auf Komponentenebene oder auf Ebene des gesamten Tests. Es stehen Normtabellen für einsprachig- und mehrsprachig aufwachsende Kinder und ausschließlich einsprachig aufwachsende Kinder mit Intervallmitten-Prozenträngen und T-Werten zur Verfügung.

Konstruktionsprinzip:
Der ATEM 3-9 ist nach den Konstruktionsprinzipien der Item-Response-Theorie aufgebaut. Die Schwierigkeiten der Items steigen innerhalb und zwischen den Komponenten an.

Objektivität:
Die Objektivität ist durch die Standardisierung in der Durchführung, Auswertung und Interpretation des Tests gegeben.

Reliabilität:
EAP/PV Reliabilitäten der Komponenten:

Emotionen Erkennen: 0,87; Situationen: 0,88; Wünsche: 0,89; Gemischte Emotionen: 0,92; Überzeugungen: 0,90; Ausdrucksregeln: 0,91; Emotionsregulationsstrategien: 0,82

Retestreliabilität Gesamttest: 0,53

Validität:
Korrelationen des ATEM 3-9-Gesamttest mit Skala zur Erfassung des Emotionswissens: r = 0,42

Korrelation der Komponente Emotionen Erkennen mit Intelligence and Development Scale – Preschool – Emotionen Erkennen: r = 0,42

Korrelation des ATEM 3-9-Gesamttest mit sprachlichen Fähigkeiten: r = 0,44–0,60

Korrelation des ATEM 3-9-Gesamttest mit exekutiven Funktionen: r = 0,24–0,33

Inhaltsverzeichnis

Theoretischer Hintergrund 1

Neben dem Emotionsausdruck und der Emotionsregulation ist das Emotionswissen ein Teil der emotionalen Kompetenzen. Es beinhaltet das Wissen über und das Verständnis von Emotionen und Emotionsanlässen (Pons et al. 2004). Innerhalb der emotionalen Kompetenzen nimmt es einen besonderen Stellenwert ein, denn es geht nicht nur darum, seine eigenen Emotionen zu erkennen und zu verstehen, sondern vor allem darum, emotionale Reaktionen anderer Personen zu erkennen und einzuordnen (Petermann und Wiedebusch 2016). Dabei werden sowohl der verbale als auch der mimische und körpersprachliche Ausdruck einer Person zur Erkennung von Emotionen genutzt. Situative Hinweise und die Zuschreibung von internalen Zuständen werden zum Verständnis dieser Emotionen herangezogen. Kenntnis sozialer und kultureller Regeln und Normen bildet die Grundlage für das Erkennen von versteckten und verstellten Emotionen und für das Wissen über situativ angemessene und funktionale Emotionsregulationsstrategien (Pons et al. 2004). Hier liegen die Anknüpfungspunkte zu den anderen Aspekten der emotionalen Kompetenzen: Wer die sozialen und kulturellen Regeln des Emotionsausdruckes kennt, kann seine eigenen Emotionen auch angemessen ausdrücken. Wer weiß, welche Emotionsregulationsstrategie funktional und angemessen ist, ist auch eher in der Lage diese Strategie im richtigen Moment anzuwenden.

1.1 Die Entwicklung des Emotionswissens in der Kindheit

Insgesamt umfasst das Emotionswissen eine Vielzahl von verschiedenen Kompetenzen, die sich im Laufe der frühen bis mittleren Kindheit entwickeln und über die Adoleszenz und das Erwachsenenalter weiter vertiefen und verfeinern. Experimentelle Studien haben gezeigt, dass bereits Säuglinge über ein rudimentäres Emotionswissen verfügen: Bereits ab dem Alter von etwa drei Monaten können sie zwischen verschiedenen emotionalen Gesichtsausdrücken differenzieren und bevorzugen die positiven (Kahana-Kalman und Walker-Andrews 2001; Petermann und Wiedebusch

K. Voltmer, M. von Salisch, *ATEM 3-9 Adaptiver Test des Emotionswissens*, SpringerTests, https://doi.org/10.1007/978-3-662-59358-5_1

2016). Die Fähigkeit, emotionale Gesichtsausdrücke zu unterscheiden verfeinert sich innerhalb des zweiten und dritten Lebensjahres so weit, dass die meisten Dreijährigen in der Lage sind, die vier Grundemotionen Freude, Trauer, Angst und Ärger in den Gesichtern anderer Menschen abzulesen (Petermann und Wiedebusch 2016; Pons et al. 2004). Die aktive sprachliche Benennung dieser Emotionen folgt in der Regel einige Zeit später und geht mit den sich entwickelnden sprachlichen Fähigkeiten der jungen Kinder einher (Cutting und Dunn 1999; Streubel et al. 2020; Widen und Russell 2010).

Neben den mimischen und körpersprachlichen Ausdrücken nutzen Kinder ab dem Alter von drei bis vier Jahren auch situative Hinweise, um auf die emotionalen Zustände ihrer Mitmenschen zu schließen. Sie lernen dabei Zusammenhänge zwischen dem Auftreten prototypischer Situationen und dem Erleben von Emotionen herzustellen (Pons et al. 2004). Sie verstehen schnell, dass das Erhalten eines Geschenkes in der Regel Freude, der Verlust eines geliebten Haustieres Trauer, Dunkelheit Angst und Verbote Ärger hervorrufen. Die Zusammenhänge zwischen nicht-prototypischen Situationen und den hervorgerufenen Emotionen werden dagegen nicht so einfach erkannt, wahrscheinlich weil sie eben nicht in ein zuvor erlerntes Emotionsskript oder Emotionsschema passen (Denham 1998). Aufgrund schnell fortschreitender sprachlicher Fähigkeiten gelingt es den meisten Vierjährigen andersherum auch, selbst Situationen zu benennen, die zu einer vorgegebenen Emotion passen (Hughes und Dunn 2002). Mit zunehmendem Alter differenzieren sich die Fähigkeiten zur Emotionserkennung aus Gesichtsausdrücken und Situationen immer weiter aus. Zunächst gelingt es den Kindern besser positive Emotionen zu erkennen, später wird auch die größere Bandbreite negativer Emotionen, die mit spezifischeren Unterscheidungseinheiten einhergeht, sicher erkannt (Fabes et al. 1991; Streubel et al. 2020; Widen und Russell 2003, 2008).

Obwohl Kinder ab dem Alter von vier Jahren bereits vorhersagen können, verschiedene Emotionen gleichzeitig zu erleben, gelingt ihnen diese Differenzierung bei anderen Personen erst ungefähr ab dem Alter von fünf Jahren (Larsen et al. 2007; Wintre und Vallance 1994; Zajdel et al. 2013). Das Erkennen, dass Personen zwei oder mehr Emotionen gleichzeitig erleben können, gelingt dabei früher, wenn es sich um Emotionen gleicher Valenz, also entweder positiv oder negativ, handelt. Gemischte ambivalente Emotionen werden erst einige Zeit später erkannt (Harris 1992; Harter und Buddin 1987). Insgesamt machen Kinder im Alter zwischen fünf und zwölf Jahren große Fortschritte beim Erkennen und Benennen gemischter Emotionen (Ketelaars et al. 2010; Zajdel et al. 2013).

Der Erhalt eines Geschenks wird von den allermeisten Personen positiv bewertet und führt daher prototypisch zu der Emotion Freude. Die Darreichung einer bestimmten Speise wird dagegen mit einer größeren Wahrscheinlichkeit bei verschiedenen Personen unterschiedliche Emotionen hervorrufen, die auf unterschiedlichen Vorlieben und Erfahrungen beruhen werden. Somit ist es in der Regel weniger die Situation an sich als vielmehr die internale Bewertung dieser Situation, die eine emotionale Reaktion hervorruft. Internale Emotionsauslöser können z. B. Wünsche, Ansichten, Vorlieben und Überzeugungen sein, die im Zusammenhang mit einer Situation zu einer Emotion führen. Damit Kinder aus internalen Zuständen anderer Personen auf eine solche Emotion schließen können, müssen sie erst einmal in der Lage sein, diese internalen Zustände zu erkennen, d. h. diese von ihren eigenen internalen Zuständen abzugrenzen und einen Perspektivwechsel vorzunehmen. Dieser Aspekt der sogenannten Theory of Mind entwickelt sich im Alter zwischen drei und fünf Jahren (z. B. Cutting und Dunn 1999). Daher können Kinder bereits ab etwa drei Jahren auch von der Erfüllung oder Nichterfüllung eines Wunsches oder von einer Überzeugung auf eine Emotion bei anderen Personen schließen (Wellman und Banerjee 1991). Stimmen die Wünsche jedoch nicht mit ihren eigenen überein oder sind die Überzeugungen anderer Personen offenkundig falsch, fällt es jungen Kindern zunächst noch schwer, den Perspektivwechsel vorzunehmen und die Emotionen der anderen Personen richtig zu erkennen (Wellman und Banerjee 1991). Mit zunehmendem Alter fällt es Kindern immer leichter, sich in andere Personen hineinzuversetzen und so auf deren Emotionen in bestimmten Situationen aufgrund ihrer internalen Zustände zu schließen (Pons et al. 2004).

Spätestens zum Ende der frühen Kindheit werden Kinder mit sozialen und kulturellen Regeln und Normen bezüglich des Emotionsausdrucks konfrontiert. Dies führt dazu, dass Kinder aus Gründen der sozialen Erwünschtheit oder als Schutzfunktion schon recht früh den eigenen Emotionsausdruck minimieren, maskieren oder verbergen (Denham 1998). Eine solche Unterscheidung zwischen den tatsächlich gefühlten und den nach außen hin gezeigten Emotionen bei anderen Personen zu machen, hängt ebenfalls mit ihrer Theory of Mind zusammen. Sie gelingt den meisten Vierjährigen jedoch zunächst nur, wenn diese explizit auf diesen Unterschied hingewiesen werden (Misailidi 2006; Sidera et al. 2013). Erst ab dem Alter von sechs bis acht Jahren sind Kinder auch in der Lage, gezeigte und gefühlte Emotionen anderer Personen oder auch Protagonisten aus Geschichten zu erkennen, wenn nur implizit nach diesem Unterschied gefragt wird (Cole 1986; Kromm et al. 2015).

Soziale und kulturelle Regeln und Normen geben ab dem Ende der frühen Kindheit jedoch nicht nur die Regulation des Emotionsausdruckes, sondern auch die Regulation des Emotionserlebens vor. Sobald ein Kind bei der Emotionsregulation nicht mehr ausschließlich auf die Unterstützung durch erwachsene Bezugspersonen angewiesen ist, die bis dahin durch Körperkontakt und Worte für Anregung oder Trost gesorgt haben, lernen Kinder, situations- und emotionsübergreifend angemessene und unangemessene, funktionale und dysfunktionale Emotionsregulationsstrategien zu erkennen. Dabei deuten einige Studienergebnisse darauf hin, dass Kinder zunächst verhaltensbasierte Emotionsregulationsstrategien wie Ablenkung und Vermeidung als effektiv erkennen und erst mit der Zeit auch mentale Strategien wie kognitive Ablenkung und Neubewertung auswählen (Cole et al. 2009; Janke 2010). Tab. 1.1 fasst die Entwicklung der einzelnen Komponenten des Emotionswissens zusammen.

Tab. 1.1 Übersicht über die Komponenten des Emotionswissens und ihre Entwicklung ab der frühen Kindheit

Komponente (Altersbereich der Entwicklung)	Beschreibung
Erkennen von Emotionen (2–3 Jahre)	Erkennen von Emotionen anhand der Mimik. Häufig werden die vier Grundemotionen Freude, Trauer, Angst und Ärger auf Fotografien oder grafischen Darstellungen von Kindern vorgegeben. Die meisten dreijährigen Kinder können die Emotionen zuverlässig erkennen und auf eine Zielemotion zeigen. Die Benennung der Emotionen folgt etwas später.
Externale Hinweise (3–5 Jahre)	Situationen, häufig in Form von kurzen Vignetten dargestellt, führen typischerweise zu einer bestimmten Emotion. Im Alter von etwa vier Jahren können die meisten Kinder die Emotionen anderer Personen aus solchen Situationsbeschreibungen heraus zuverlässig erkennen.
Internale Hinweise (3–6 Jahre)	Die (Nicht-)Erfüllung eines Wunsches führt zu bestimmten Emotionen. Je nachdem, ob das Kind den gleichen Wunsch gehabt hätte, wie etwa der Protagonist in einer Geschichte, fällt es dem Kind schwerer oder leichter, die Emotion des anderen bei (Nicht-)Erfüllung des Wunsches zu erkennen. Verschiedene Überzeugungen/Ansichten führen zu unterschiedlichen Bewertungen von Situationen und dadurch zu verschiedenen Emotionen. Eine besondere Herausforderung ist es für Kinder, unzutreffenden Überzeugungen anderer Personen die richtige Emotion zuzuordnen.
Gemischte Emotionen (4–8 Jahre)	Häufig fühlen Menschen zwei oder mehr Emotionen gleichzeitig. Gemischte Emotionen bei anderen Menschen zu erkennen fällt leichter, wenn es sich um ähnliche Emotionen handelt, als wenn sich die Emotionen stark unterscheiden.
Ausdrucksregeln von Emotionen (4–8 Jahre)	Der Emotionsausdruck unterliegt häufig sozialen und kulturellen Regeln. Deswegen unterscheiden sich der Emotionsausdruck und die tatsächlich gefühlte Emotion häufig. Jüngere Kinder erkennen die Unterschiede meist nur, wenn man sie darauf hinweist. Ab ca. sechs Jahren gelingt die Unterscheidung oft auch ohne Hinweis.
Erkennen von Emotionsregulationsstrategien (4–8 Jahre)	Ab dem Vorschulalter lernen Kinder ihre Emotionen selbst zu regulieren. Mit zunehmendem Alter lernen sie, welche Strategien in bestimmten Situationen angemessen sind und welche nicht. Zumeist wissen Kinder zuerst, dass sie handeln können, um Emotionen zu regulieren, später erwerben sie auch gedankliche Regulationsstrategien.

1.2 Die Bedeutung des Emotionswissens für die kindliche Entwicklung

Im Folgenden wird ein Überblick über die jüngsten Forschungsergebnisse zu kurz- und langfristigen Zusammenhängen des kindlichen Emotionswissens mit verschiedenen kognitiven und sozialen Fähigkeiten sowie mit psychischen Auffälligkeiten gegeben.

1.2.1 Sprachliche Fähigkeiten

In der Regel fangen Bezugspersonen an, mit einem Kind zu reden, sobald es geboren wurde. Mit der sogenannten Babysprache, die sich durch eine „hohe Tonlage, deutliches Sprechen, übertriebene Satzmelodie, Pausen zwischen den einzelnen Phrasen, Betonung besonders wichtiger Wörter, Wiederholungen und Vermeidung komplizierter Sätze“ (Dittmann 2012, S. 28) auszeichnet, erleichtern sie den Säuglingen und Kleinkindern nicht nur den Spracherwerb, sondern geben auch viele Hinweise auf die jeweils vorherrschende emotionale Stimmung (Trainor et al. 2000). Häufig ist sie gepaart mit überdeutlichen Gesichtsausdrücken, die Freude, Trauer, Überraschung usw. darstellen (Chong et al. 2003). Schon bald werden den Kleinkindern Bilderbücher gezeigt, Geschichten erzählt und eine Vielzahl von eigenen und kindlichen Handlungen sprachlich begleitet. Durch die Nutzung des Emotionsvokabulars wird so auch das Wissen über Emotionen überwiegend sprachlich vermittelt (Streubel et al. 2020). Daher steht es im engen Zusammenhang mit sprachlichen Fähigkeiten (Bosacki und Moore 2004; Bulgarelli und Molina 2016; De Stasio et al. 2014; Salisch et al. 2015a; Taumoepeau und Ruffman 2006; Tenenbaum et al. 2008). Dabei beziehen sich diese Ergebnisse in der Regel auf die rezeptiven sprachlichen Fähigkeiten. Im Allgemeinen gehen dabei geringere Sprachkenntnisse mit geringerem Emotionswissen einher. Dies wird auch als ein Grund dafür angesehen, dass mehrsprachig aufwachsende Kinder bei der (eigentlich nonverbalen) Erhebung des Emotionswissens in der Regel geringere Leistungen erbringen. Da die lokale Sprache häufig nicht der Familiensprache entspricht (Schreyer und Petermann 2010) weisen sie häufiger geringere (rezeptive) Sprachfähigkeiten auf (Becker et al. 2013; Dubowy et al. 2008; Grünigen et al. 2012; Hagmann-von Arx et al. 2013) und verstehen vermutlich sowohl die Testinhalte als auch die Testinstruktionen nicht so gut wie Kinder, die nur mit der deutschen Sprache aufwachsen.

Für den Erwerb von grundlegendem Wissen über Emotionen, welches im Vorschulalter stattfindet, scheinen die sprachlichen Fähigkeiten nach den genannten Studien sehr wichtige Faktoren zu sein. Dafür sprechen auch Studien, die zeigten, dass die sprachlichen Fähigkeiten einen Einfluss auf den Wissenszuwachs über Emotionen bei Kindern haben (Ketelaars et al. 2010; Salisch et al. 2015b). Für das tiefergehende Verständnis von Emotionen, welches im Grundschulalter erlangt wird, nimmt möglicherweise die Bedeutung anderer Fähigkeiten, wie z. B. der exekutiven Funktionen zu. Gerade wenn das Emotionswissen von Kindern zwischen drei und sechs Jahren erfasst werden soll, ist es daher zu empfehlen, die sprachlichen Fähigkeiten mit zu erheben.

1.2.2 Exekutive Funktionen/Selbstregulation

Zu den exekutiven Funktionen zählen das Arbeitsgedächtnis, die inhibitorische Kontrolle und die kognitive Flexibilität. Sie bilden die Grundlage für die Regulation von Emotionen und Verhalten und damit auch für den Erwerb eines altersgemäßen Emotionswissens. In den Interaktionen, in denen das Emotionswissen vermittelt und erlernt wird, ist es wichtig, dass alle relevanten Informationen im Arbeitsgedächtnis behalten werden, nicht erwünschtes oder nicht relevantes Verhalten inhibiert und die Aufmerksamkeit auf die für die Emotionserkennung und das Emotionsverständnis wichtigen Botschaften gelenkt wird. Studien zeigten daher, dass das Arbeitsgedächtnis und die Aufmerksamkeits- und Verhaltenskontrolle von Vorschulkindern das spätere Emotionswissen vorhersagten (Brock et al. 2009; Denham et al. 2012; Schultz et al. 2001; Voltmer und Salisch 2019). Dieser Effekt wurde auch durch das Alter der Kinder moderiert, d. h. der Zusammenhang war für Vierjährige stärker als für Dreijährige (Denham et al. 2012). Dies deutet darauf hin, dass der Erwerb des Emotionswissens unter anderem ausgeprägte selbstregulative Fähigkeiten voraussetzt. Andersherum sagte in einer früheren Studie aber auch das Emotionswissen von Kindergartenkindern die spätere Aufmerksamkeitsleistung vorher und gibt damit Hinweise auf Mechanismen, die dem Zusammenhang zwischen Emotionswissen und schulischem Erfolg zugrunde liegen (Salisch et al. 2017; Trentacosta et al. 2006). Zudem fanden Klein et al. (2018), dass der Zusammenhang zwischen den exekutiven Funktionen Dreijähriger und den sozialen Kompetenzen zweieinhalb Jahre später von ihrem Emotionswissen gemessen im Alter von viereinhalb Jahren vermittelt wurde. Die Frage nach der Richtung des Zusammenhangs zwischen dem Emotionswissen von Kindern und ihren exekutiven Funktionen kann damit bisher nicht abschließend beantwortet werden. Denkbar wäre auch ein bidirektionaler Zusammenhang.

1.2.3 Soziale Fähigkeiten und schulische Leistungen

Die Relevanz der altersgemäßen Entwicklung des Emotionswissens für soziale Fähigkeiten und schulische Leistungen wird anhand des in Abb. 1.1 abgedruckten Modells des sozial-emotionalen Lernens (SEL; Denham und Brown 2010) deutlich. Dies sieht das Emotionswissen als einen Teil der emotionalen und Beziehungskompetenzen, die über verschiedene Kontexte hinweg die Basis für das Erreichen Intra- und Interpersoneller Ziele bilden und damit zu effektiven sozialen Interaktionen führen. Das Emotionswissen ist in diesem Modell ein Teil der Sozialen Bewusstheit. Die unter die emotionalen Kompetenzen gefassten Komponenten *Selbst-Bewusstheit, Soziale Bewusstheit* und *Selbst-Regulation* stehen dabei sowohl untereinander als auch mit den *Beziehungsfähigkeiten* und dem *verantwortungsvollen Entscheiden* in einem engen Zusammenhang. Sie beeinflussen die Selbstwirksamkeitserfahrung, aber auch die Beziehungen mit Gleichaltrigen und Erwachsenen und den Status in der Peergruppe. Kinder, die über diese Kompetenzen verfügen, können ihre sozialen Interaktionen über verschiedene Kontexte hinweg, also in den verschiedensten Situationen mit Peers, Eltern und Lehrkräften, effektiver gestalten. Sie verfügen über gute selbstregulative Fähigkeiten, können sich selbst und andere gut verstehen, soziale Informationen unverzerrt aufnehmen und folglich verantwortungsvolle Entscheidung treffen. Soziale Interaktionen fallen ihnen dadurch leichter und sie erhalten mehr Unterstützung von Gleichaltrigen und Lehrkräften. Insgesamt beanspruchen die sozialen Interaktionen weniger persön-

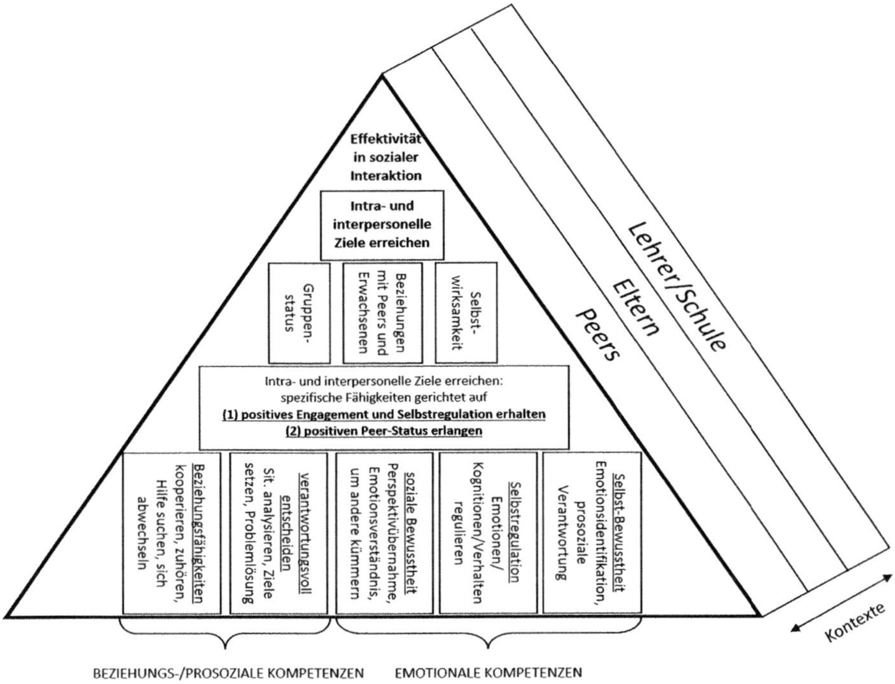

Abb. 1.1 Modell des sozial-emotionalen Lernens (SEL) nach Denham und Brown (2010)

liche Kapazitäten, welche wiederum genutzt werden können, um sich auf schulisches Lernen zu konzentrieren (Denham und Brown 2010; Wentzel 1999).

Die theoretischen Überlegungen dieses Modells bezüglich der Rolle des Emotionswissens bei der Entwicklung sozialer Fähigkeiten und weiterhin die daraus resultierenden Auswirkungen auf schulisches Lernen wurden bereits vielfach belegt. Trentacosta und Fine (2010) berichteten in einer Metaanalyse mit 63 unabhängigen Effektstärken von sich typisch entwickelnden Kindern und Jugendlichen zwischen 2 und 18 Jahren von einem mittleren Zusammenhang von $r = 0{,}22$, $p < 0{,}01$ zwischen dem Emotionswissen und sozialen Kompetenzen. Aber auch aktuellere Studien zeigen immer wieder den Zusammenhang des Emotionswissens mit verschiedenen Aspekten sozialer Fähigkeiten in verschiedenen Altersgruppen (Gal-Szabo et al. 2019; Klein et al. 2018; Qualter et al. 2019). In einer weiteren Studie mediierte das Sozialverhalten von Schulkindern den Zusammenhang zwischen ihrem Emotionswissen und ihren schulischen Leistungen (McKown et al. 2016) und bietet damit eine Erklärung für den in einer Metaanalyse gefundenen Zusammenhang von $r = 0{,}32$ zwischen dem Emotionswissen und den schulischen Leistungen von Kindern zwischen 3 und 12 Jahren (Voltmer und Salisch 2017). Eine längsschnittliche Analyse, unter anderem mit den Daten einer Vorläuferversion des ATEM 3-9, ergab außerdem einen signifikanten Einfluss des Emotionswissen von Kindern im Vorschulalter über bekannte Kontrollvariablen hinaus auf ihre phonologische Bewusstheit kurz vor Schuleintritt etwa ein Jahr später (Salisch und Voltmer 2020).

1.2.4 Emotionswissen und Psychopathologie

Die vorangegangenen Absätze verdeutlichen, dass das Emotionswissen der Kinder und Jugendlichen im Kontext ihrer sprachlichen, regulativen und sozialen Fähigkeiten betrachtet werden sollte und dass alle diese Variablen miteinander in Verbindung stehen. Auch viele Verhaltensauffälligkeiten und psychische Erkrankungen, unter denen Kinder und Jugendliche leiden, zeigen Zusammenhänge mit der Entwicklung des Emotionswissens und den damit verbundenen Variablen. Eine bereits etwas ältere Übersicht dazu bieten Southam-Gerow und Kendall (2002). Sowohl internalisierende als auch externalisierende Verhaltensauffälligkeiten gehen dabei mit geringerem Emotionswissen einher. Etwas aktueller zeigen dies sowohl die Metaanalyse von Trentacosta und Fine (2010), die einen mittleren Zusammenhang von $r(17) = -0{,}17$, $p < 0{,}01$ für internalisierendes Problemverhalten und $r(34) = -0{,}17$, $p < 0{,}01$ für externalisierendes Problemverhalten ermittelten, als auch weitere Studien mit Kindern verschiedener Altersgruppen: Heinze et al. (2015) stellten negative Zusammenhänge zwischen dem Emotionswissen und dem von Eltern berichteten internalisierenden Verhalten von Vorschulkindern aus einkommensschwachen Familien fest, Tarullo et al. (2007) fanden ebenfalls negative Zusammenhänge zwischen dem Emotionswissen Fünfjähriger und dem externalisierenden und internalisierenden Problemverhalten in einer Untersuchung adoptierter und nichtadoptierter Kinder. Fine et al. (2003) berichten in einer Längsschnittstudie zudem von dem negativen Zusammenhang zwischen dem Emotionswissen Siebenjähriger und ihren Internalisierungsproblemen vier Jahre später. Und auch Castro et al. (2018) fanden ähnliche Ergebnisse in einer Untersuchung des Emotionswissens von Erstklässlern und ihrem Internalisierungsverhalten in der dritten Klasse. Darüber hinaus zeigten Kinder verschiedener Altersgruppen mit einer Aufmerksamkeitsdefizit-/Hyperaktivitätsstörung ebenfalls ein geringeres Emotionswissen als Vergleichsgruppen (z. B. Da Fonseca et al. 2009; Lugo-Candelas et al. 2017). Eine ausführliche Diskussion der eingeschränkten emotionalen Kompetenzen bei Kindern und Jugendlichen mit einer Störung aus dem autistischen Spektrum bieten zudem (Begeer et al. 2008).

1.3 Geschlecht und Emotionswissen

Nachdem sich das Emotionswissen von Kindern verschiedener Altersgruppen sehr stark unterscheidet, sind die Forschungsergebnisse bezüglich des Geschlechts nicht ganz eindeutig. Während Untersuchungen des gesamten, bzw. allgemeinen Emotionswissens ergeben, dass sich Jungen und Mädchen in ihrem Emotionswissen nicht unterscheiden (Albanese et al. 2006; Bennett et al. 2005; Fidalgo et al. 2018; Kårstad et al. 2015; Salisch et al. 2017), weisen einzelne Komponenten in verschiedenen Studien Unterschiede zugunsten von Mädchen auf. Sie scheinen besser zwischen den Gründen für Emotionen differenzieren zu können (Bosacki und Moore 2004; Garner und Waajid 2012; Hughes und Dunn 2002; Merz et al. 2015; Sette et al. 2015) und die internalen Gründe für Emotionen besser zu verstehen

(Fidalgo et al. 2018). Mögliche Erklärungsansätze für diese Ergebnisse sehen die Forscherinnen und Forscher in der unterschiedlichen Sozialisation von Emotionen bei Jungen und Mädchen. Demnach sind Mädchen eher in Konversationen über Emotionen involviert als Jungen und werden daher auch eher ermutigt, die Emotionen in anderen Menschen zu erkennen (Bosacki und Moore 2004; Fivush et al. 2000).

1.4 Soziokulturelle Unterschiede und Emotionswissen

Inwiefern das Emotionswissen von Kindern von soziokulturellen Aspekten abhängt, ist immer häufiger Gegenstand der Forschung. Einige Studien berücksichtigen dabei im besonderen Maße den sozioökonomischen Hintergrund der Kinder und binden vor allem Kinder aus Familien mit geringem Einkommen oder alleinerziehenden Elternteilen ein. Dabei zeigt sich immer wieder, dass Kinder aus solchen Haushalten im Durchschnitt ein geringeres Emotionswissen aufzeigen als Kinder aus der Mittelschicht. Dies könnte auf einen erschwerten Zugang zu außerschulischen sozialen Aktivitäten, wie z. B. in Sportvereinen zurückzuführen sein, bei denen nebenbei auch sozial-emotionale Kompetenzen im besonderen Maße erlernt und verfeinert werden. Besonders häufig leben Kinder mit einem Migrationshintergrund in Familien mit einem niedrigen sozioökonomischen Status, was neben den oben bereits beschriebenen verminderten Sprachkenntnissen ebenfalls ein Grund für ihr häufig geringeres Emotionswissen sein kann. Denn auch in Studien, in denen für das Sprachverständnis kontrolliert wurde oder das Emotionswissen mit Instrumenten in der Muttersprache der Kinder erfasst wurde, zeigten sich Unterschiede in den Leistungen zwischen Kindern mit und ohne Migrationshintergrund. (Doan und Wang 2010; Downs et al. 2007; Wang 2003, 2008). Unterschiede in den Normen und Regeln des Emotionsausdrucks und der Kommunikation über Emotionen und daraus folgende unterschiedliche Sozialisierungsprozesse innerhalb der Familien der Kinder mit unterschiedlichem kulturellen Hintergrund bieten hierfür eine weitere schlüssige Erklärung (z. B. Garrett-Peters et al. 2011; Wang 2001). Vor dem Hintergrund des SEL-Modells aus Abb. 1.1 stehen Kinder mit Migrationshintergrund damit möglicherweise nicht nur vor der Aufgabe, eine zusätzliche Sprache zu lernen, in dieser Sprache geäußerte soziale und emotionale Inhalte zu verstehen und damit ihre soziale Bewusstheit zu verbessern, sondern sie sind außerdem teilweise stark unterschiedlichen Regeln und Normen des sozialen Verhaltens ausgesetzt, wenn sie zwischen den verschiedenen Kontexten Familie, Peers und Schule wechseln.

1.5 Messung des Emotionswissens bei Kindern

Ausgehend von den beschriebenen Fähigkeitsbereichen, die das Emotionswissen umfasst, sollte ein Instrument zur Erfassung des Emotionswissens diese Komponenten umfassen und dabei den Entwicklungsverlauf des Emotionswissens und Zusammenhänge mit den kognitiven Fähigkeiten der Kinder berücksichtigen. Das Instrument sollte so viele Komponenten wie nötig, (bzw. wie zu lösen erwartet werden), mit möglichst wenigen Ansprüchen an die verbalen Fähigkeiten und die Aufmerksamkeits- und Gedächtnisleistung der Kinder erfassen sowie zeitökonomisch und kindgerecht gestaltet sein.

In den meisten Studien, die das Emotionswissen von Kindern bisher untersuchten, wurden zwei Arten von Aufgaben gestellt: Zum einen sollten Kinder die Emotionen in der Mimik von Menschen auf Fotografien oder Zeichnungen erkennen; zum anderen wurden prototypische Bildergeschichten vorgestellt oder mit Handpuppen vorgespielt, bei denen die Kinder die Emotionen, die die Situationen hervorrufen, erkennen sollten (vgl. Castro et al. 2016). Es wurden also hauptsächlich die zwei Komponenten erfasst, die die meisten Kinder im Alter zwischen drei und vier Jahren erwerben. Diese Tests sind in der Regel insofern sprachfrei, als dass die Kinder nur auf emotionale Gesichtsausdrücke zeigen, die Emotionen jedoch nicht benennen müssen. Im englischsprachigen Raum werden außerdem häufig der *Affective Knowledge Test* (Denham 1986) oder der *Emotion Matching Task* (Izard et al. 2003; Morgan et al. 2010) genutzt. Diese enthalten zusätzlich nicht-sprachfreie Emotionsbenennungsaufgaben. Für die Erfassung spezifischer anspruchsvollerer Komponenten des Emotionswissens, wie das Erkennen, dass Emotionen Resultate internaler Zustände sein können oder die Trennung von Emotionserleben und Emotionsausdruck, die etwas ältere Kinder lösen können, wurden bisher jedoch häufig jeweils einzelne Instrumente entwickelt, die dann die jeweilige Komponente untersuchen (z. B. Ketelaars et al. 2010). Ansonsten finden sich in der psychologischen Diagnostik häufig Emotionserkennungsaufgaben, wie z. B. als Subskala in den *Intelligence and Development Scales-2* (Grob und Hagmann-von Arx 2018) oder im *Inventar zur Erfassung emotionaler Kompetenzen bei Drei- bis Sechsjährigen* (Petermann und Gust 2016). Im Kontext der klinischen Forschung wird auch das *computerbasierte Messverfahren für emotionale Kompetenz bei Kindern im Vor- und Grundschulalter* (In-Albon und Pfeiffer 2015) genutzt. Weitere Einzelheiten sind in Klinkhammer, Voltmer und von Salisch (2021) zu finden. Klinkhammer, J., Voltmer, K. und von Salisch, M. (2021). Emotionale Kompetenz bei Kindern und Jugendlichen: Entwicklung und Folgen. 2. Auflage. Stuttgart: Kohlhammer.

In der deutschen entwicklungspsychologischen Forschung ist der *Test of Emotion Comprehension* (Pons und Harris 2000), bzw. die deutsche Übersetzung von Janke (2006), die *Skala zur Erfassung des Emotionswissens* (SEW) das Instrument, welches mit neun Komponenten das Emotionswissen bislang am differenziertesten untersuchte und daher auch am häufigsten genutzt wird, wenn die Forscher*innen einen breiteren Überblick über die Fähigkeiten der Kinder im höheren Altersbereich erlangen wollen. Die SEW erfasst das Emotionserkennen in der Mimik und aus Situationen sowie das Verständnis von gemischten, erinnerungs-, wunsch- und überzeugungsbasierten Emotionen sowie das Wissen über Emotionsregulationsstrategien, Ausdrucksregeln und moralische Emotionen. Die Komponenten der SEW lassen sich in ein dreifaktorielles Modell einbetten, welches einer hierarchischen Struktur folgt (Pons et al. 2004). Demnach bilden die Komponenten Emotionen Erkennen, Externale Gründe und Wünsche die hierarchische Komponente *External*. Die Komponenten Erinnerungen, Überzeugungen und Verstecken von Emotionen bilden die hierarchische Komponente *Mental*. Und die Komponenten Emotionsregulationsstrategien, Gemischte Emotionen und Moralische Emotionen bilden die hierarchische Komponente *Reflexiv*. Kinder müssen Zielemotionen auswählen, indem sie auf eine von vier vorgegebenen Strichzeichnungen von emotionalen Gesichtsausdrücken zeigen. Wie in den meisten Verfahren wird dabei das Wissen über die vier Basisemotionen Freude, Trauer, Ärger und Angst erhoben. Zusätzlich können die Kinder den Ausdruck *normal* auswählen. Die Vorteile dieses Verfahrens sind, dass es in kurzer Zeit die neun Komponenten bei Kindern im Alter zwischen drei und zehn Jahren untersucht. Zudem müssen lediglich die Instruktionen und die Iteminhalte verstanden werden, während expressive Sprachfähigkeiten nicht benötigt werden. Um möglichen Geschlechtseffekten vorzubeugen, gibt es die SEW in einer Jungen- und einer Mädchenfassung. Allerdings beinhaltet das Verfahren nur in den Emotionserkennungskomponenten jeweils fünf Items. Die anspruchsvolleren Komponenten werden nur mit einem oder zwei Items erfasst. So können diese Komponenten jeweils nur für eine (oder zwei) der verschiedenen Emotion abgefragt werden. Zudem besteht dadurch insbesondere im hohen Niveau eine hohe Wahrscheinlichkeit, eine Komponente durch Raten richtig zu lösen. Eine reliable Erfassung des Emotionswissens auf der Emotions- und Komponentenebene ist daher mit diesem Test kaum möglich. Zusätzlich müssen auch jüngere Kinder den gesamten Test durchführen, obwohl sie meistens einen Großteil der Items noch nicht richtig beantworten können. Dies könnte schnell zu Überforderung und Frustration führen.

Mit der Entwicklung des Adaptiven Tests des Emotionswissens für drei- bis neunjährige Kinder wurde nun ein Test entwickelt, der die oben vorgestellten Komponenten des Emotionswissens in der frühen und mittleren Kindheit erfasst. Dabei sind die Komponenten im Test so angeordnet, dass der zeitliche Entwicklungsverlauf der einzelnen Kompetenzen widergespiegelt wird, sie also in ihren Anforderungen ansteigen. Die einzelnen Komponenten des Emotionswissens werden jeweils mit mehreren, ebenfalls in ihren Schwierigkeiten aufsteigenden, Items erfasst. Eingebettet werden sie in eine kindgerechte Geschichte. Sprung- und Abbruchregeln erlauben eine zeitökonomische Durchführung des Tests, bei denen den Kindern größtenteils Items vorgelegt werden, die Ihren aktuellen Fähigkeiten entsprechen und sie nicht überfordern.

Beschreibung des ATEM 3-9

2

Der ATEM 3-9 wurde nach den Regeln der Item-Response-Theorie konstruiert. Demnach nehmen die Items innerhalb der einzelnen Komponenten und zwischen den Komponenten in ihrer Schwierigkeit zu. Dies erlaubt es, einem Kind innerhalb der Komponenten nur einen Teil der zur Verfügung stehenden Items vorzugeben, und zwar so lange, bis die Fähigkeitsgrenze des Kindes erreicht ist. Außerdem erlaubt es auch, einem Kind unter bestimmten Umständen nur einen Teil der zur Verfügung stehenden Komponenten vorzugeben, ebenfalls wenn absehbar ist, dass schwierigere Komponenten nicht mehr gelöst werden können. Bis der ATEM 3-9 in seiner jetzigen Form von 35 Items bestand, wurden eine Reihe von Pilotierungsstudien durchgeführt, in denen die Itemanzahl sukzessive von einem ursprünglichen Itempool von 100 Items reduziert wurde (für eine detaillierte Beschreibung siehe Voltmer (2019).). In der definitiven Form umfasst der ATEM 3-9 sieben Komponenten des Emotionswissens (Tab. 2.1), die ohne expressive Sprachkenntnisse erfasst werden können. Kinder werden gebeten, Emotionen in Gesichtern zu lesen, äußere und innere Gründe für Emotionen zu erkennen und zwischen gezeigten und gefühlten Emotionen sowie zwischen adaptiven und maladaptiven Emotionsregulationsstrategien zu unterscheiden. Neben den Grundemotionen Freude, Traurigkeit, Angst und Wut umfasst der ATEM 3-9 auch das Emotionswissen in Bezug auf Überraschung und Ekel. Durch Sprung- und Abbruchregeln innerhalb und zwischen den Komponenten ist der ATEM 3-9 adaptiv gestaltet. Der ATEM 3-9 ist wie ein Bilderbuch aufgebaut, in dem eine Geschichte über den Besuch zweier Kinder im Zoo erzählt wird. Jeder Schauplatz in der Geschichte spiegelt eine Komponente des Emotionswissens wider (z. B. Komponente 6: Streichelzoo). Wird eine Komponente beendet, ändert sich auch der Schauplatz der Geschichte. Die Komponenten 1 und 2 umfassen jeweils sechs Items, die Komponente 3 bis 6 jeweils fünf Items, und die Komponente 7 umfasst drei Items. Der ATEM 3-9 ist in einer Mädchen- und einer Jungenversion mit weiblichen bzw. männlichen Protagonisten durchführbar. Die Namen und Zeichnungen der Charaktere suggerieren einen Migrationshintergrund für einen der beiden Protagonisten in der Geschichte. Der ATEM 3-9 kann sowohl in der Papierversion im Einzelsetting durchgeführt werden als auch als elektronische Version mit Audioausgabe auf einem Tablet oder Computer.

K. Voltmer, M. von Salisch, *ATEM 3-9 Adaptiver Test des Emotionswissens*,
SpringerTests, https://doi.org/10.1007/978-3-662-59358-5_2

Tab. 2.1 Übersicht über die Komponenten des ATEM 3-9

Nr.	Komponente	Anzahl Items	Aufgaben	Geschichte
1.	Emotionen Erkennen	6	Emotionen anhand mimischer Ausdrücke erkennen	Die Charaktere der Geschichte werden vorgestellt
2.	Situationen	6	Emotionen anhand Situationsbeschreibungen mit und ohne Distraktoren erkennen	Die Charaktere packen ihre Sachen für den Zoo und fahren mit der S-Bahn
3.	Wünsche	5	Emotionen anhand der (Nicht-)Erfüllung von Wünschen erkennen. Wünsche können denen der Testperson entsprechen, oder gegensätzlich sein	Die Charaktere besuchen die Elefanten (Wünsche der Charaktere entsprechen denen der Testperson) und die Affen (Wünsche der Charaktere entsprechen denen der Testperson nicht)
4.	Gemischte Emotionen	5	Gemischte Emotionen gleicher und unterschiedlicher Valenz erkennen	Die Charaktere warten vor einem Souvenirshop (gleiche Valenz) und besprechen sich mit den Eltern (unterschiedliche Valenz)
5.	Überzeugungen	5	Emotionen aus unterschiedlichen und aus falschen Überzeugungen erkennen	Die Charaktere besuchen das Vogelhaus (unterschiedliche Überzeugungen) und ein Restaurant (falsche Überzeugungen)
6.	Ausdrucksregeln	5	Gezeigte und tatsächlich gefühlte Emotionen unterscheiden	Die Charaktere besuchen das Aquarium (nur tatsächlich gefühlte Emotion erkennen) und den Streichelzoo (sowohl gezeigte als auch gefühlte Emotion erkennen)
7.	Emotionsregulations-strategien	3	Funktionale Emotionsregulationsstrategien behavioraler (Reiz entfernen) und kognitiver Art (Ablenkung und Neubewertung) erkennen	Folge-Items auf zwei Items der Komponente 2 und ein Item der Komponente 6

Testtheoretische Analyse des ATEM 3-9

3

3.1 Psychometrische Analyse

Die Items des ATEM 3-9 wurden auf der Grundlage der Item-Response-Theorie (IRT; Moosbrugger 2012) erstellt und analysiert. Im Rahmen der Normierung des ATEM 3-9 wurde die Dimensionalität (entsprechend der Faktorenstruktur in der klassischen Testtheorie) bestimmt und die Reliabilität der Dimensionen berechnet. Darüber hinaus wurden die Itemparameter (entsprechen der Schwierigkeiten der Items) und die Trennschärfen der Items berechnet. Eine detaillierte Beschreibung der Normstichprobe findet sich in Kap. 4.

3.1.1 Dimensionalität des ATEM 3-9

Eine der Hauptannahmen der IRT ist die Eindimensionalität, das heißt, dass die Personenfähigkeiten einem latenten Konstrukt zugeordnet werden und dass alle Items zu der Messung dieses Konstruktes beitragen (Bond und Fox 2015). Trotzdem können die Items – gewollt oder ungewollt – verschiedenen latenten Konstrukten zugeordnet sein. Daher erlaubt die Multidimensionale Item-Response-Theorie (MIRT) auch die Analyse der Dimensionalität eines Messinstrumentes.

Der ATEM 3-9 wurde so konstruiert, dass er sieben Komponenten, also sieben Dimensionen des Emotionswissens messen kann. Daher wurde ein siebendimensionales Modell mit dem Monte Carlo Schätzer und 2000 Knoten berechnet. Dafür wurden die Items 1–6 der ersten Komponente (Mimik), Items 7–12 der zweiten Komponente (Situationen), Items 13–17 der dritten Komponente (Wünsche), Items 18–22 der vierten Komponente (Gemischte Emotionen), Item 23–27 der fünften Komponente (Überzeugungen), Items 28–32 der sechsten Komponente (Ausdrucksregeln) und Items 33–35 der siebten Komponente (Emotionsregulationsstrategien) zugeordnet. Dieses wurde mit einem eindimensionalen Modell, berechnet mit der Gauss-Quadratur, verglichen. Anders als bei einer Faktorenanalyse im Rahmen der klassischen Testtheorie steht bei der MIRT nicht der Modellfit und der

K. Voltmer, M. von Salisch, *ATEM 3-9 Adaptiver Test des Emotionswissens*, SpringerTests, https://doi.org/10.1007/978-3-662-59358-5_3

Modellvergleich im Zentrum der Ergebnisse, sondern vielmehr der individuelle Fit der Items. Trotzdem ist es möglich, unterschiedliche Modelle mit einem Chi-Quadrat-Test zu vergleichen. Der Vergleich des siebendimensionalen Modells mit dem eindimensionalen Modell ergab, dass die Abweichung des siebendimensionalen Modells im Vergleich zur Abweichung des eindimensionalen Modells signifikant geringer war ($\chi 2$ (27, N = 882) = 770,54, $p < 0{,}001$). Dies spricht für das siebendimensionale Modell als das bessere. In Tab. 3.1 werden die latenten Korrelationen zwischen den Komponenten des ATEM 3-9 und die Varianzen der Komponenten dargestellt. Die latenten Korrelationen zwischen den Komponenten erscheinen zunächst hoch, dies ist jedoch aus mehreren Gründen unproblematisch: Hohe Korrelationen deuten auf eine hohe Effizienz des Tests hin, denn man erhält auch mit wenigen Items viele Informationen (Wang et al. 2004). Zudem bedeutet eine hohe Korrelation zwischen zwei Variablen nicht, dass sie dasselbe Konstrukt messen. Darüber hinaus sind die Reliabilitätsschätzer der einzelnen Komponenten durchweg gut bis sehr gut (siehe Abschn. 3.1.2). Und nicht zuletzt erlaubt ausschließlich eine siebendimensionale Modellierung auch eine inhaltliche Interpretation der einzelnen sieben Dimensionen.

Die Varianzen der Komponenten 3 bis 6 sind im Vergleich zu denen der Komponenten 1, 2 und 7 hoch, was darauf zurückzuführen ist, dass dies die Komponenten sind, bei denen jüngere Kinder (von drei bis fünf Jahren) häufig keine Punkte erzielten, denn nach einem Abbruch des Tests werden alle folgenden Items mit 0 Punkten gewertet.

3.1.2 Itemkennwerte und Reliabilitäten

Die Tab. 3.2, 3.3, 3.4, 3.5, 3.6, 3.7 und 3.8 führen die einzelnen Items der Komponenten des ATEM 3-9 mit ihren Kennwerten auf. Dazu gehört die Itemschwierigkeit (p), welche angibt, wie hoch der Anteil der Kinder war, die dieses Item richtig gelöst haben. Sie wird außerdem auch als standardisierter Itemparameter mit dem dazugehörigen Standardfehler angegeben. Bei einer Lösungswahrscheinlichkeit von 50 %, also einer mittleren Itemschwierigkeit, ist der Itemparameter 0. Je kleiner der Wert, desto geringer die Schwierigkeit. Die Trennschärfe ($r_{i(t-i)}$) sollte nach Fisseni (2004) mindestens bei 0,30 liegen, sehr trennscharfe Items liegen bei > 0,50. Die

Tab. 3.1 Latente Interkorrelationen und Varianzen der Komponenten

Komponente	1	2	3	4	5	6	7
2. Situationen	0,89						
3. Wünsche	0,92	0,93					
4. Gemischte Emotionen	0,95	0,94	0,94				
5. Überzeugungen	0,90	0,97	0,93	0,95			
6. Ausdrucksregeln	0,94	0,95	0,96	0,96	0,98		
7. Emotionsregulationsstrategien	0,93	0,88	0,86	0,90	0,91	0,93	
Varianz	3,30	1,66	6,84	9,73	11,56	7,78	0,99

Passung eines Items zum Rasch-Modell wird mit dem gewichteten Abweichungsquadrat (WMNSQ), und dem dazugehörigen *t*-Wert geschätzt. Der Erwartungswert des WMNSQ liegt bei 1,00 und sollte 1,25 nicht überschreiten, wohingegen ein Wert < 1,00 als nicht problematisch eingestuft wird (Adams und Wu, 2003).

Item 11 (WMNSQ = 1,13, *t* = 3,7), Item 15 (WMNSQ = 1,12, *t* = 3,0), Item 16 (WMNSQ = 1,11, *t* = 2,7), Item 17 (WMNSQ = 1,23, *t* = 4,7), Item 22 (WMNSQ = 1,16, *t* = 2,3), Item 24 (WMNSQ = 1,20, *t* = 4,0) und Item 33 (WMNSQ = 1,16, *t* = 4,5) wichen zwar signifikant vom Erwartungswert ab, lagen aber unter 1,25. Die Trennschärfen der Items lagen zwischen $r_{i(t-i)}$ = 0,12 und $r_{i(t-i)}$ = 0,79. Besonders die drei sehr schwierigen Items der Komponente Ausdrucksregeln (Items 30 bis 32) wiesen damit eine eher unzureichende Trennschärfe auf. Nur 3 %, bzw. 4 % der Kinder konnten diese Items richtig lösen.

Die Sprung- und Abbruchregeln der Komponenten legen fest, dass die ersten beiden Komponenten, d. h. die ersten 12 Items, von jedem Kind bearbeitet werden sollen. Eine strikte Steigerung der Schwierigkeiten innerhalb dieser Komponenten ist daher nicht nötig, ist hier aber abgesehen von je einer Ausnahme in Komponente 1 (Items 3 und 4) und Komponente 2 (Item 7 und 8) erfüllt. Auch bei den Kompo-

Tab. 3.2 Itemkennwerte für die Komponente Emotionen Erkennen in der Mädchenversion

Item	Item	*N*	*p*	$r_{i(t-i)}$	Parameter	*SE*	WMNSQ	*t*
1	Das ist Lene. Lene ist meistens fröhlich. Kannst Du mir zeigen, wie Lene aussieht, wenn sie fröhlich ist?	882	0,93	0,38	−3,996	0,156	0,97	−0,3
2	Das ist Lenes Freundin Selma. Selma ist manchmal ärgerlich. Kannst Du mir zeigen, wie Selma aussieht, wenn sie ärgerlich ist?	882	0,86	0,43	−2,780	0,118	1,08	1,3
3	Selma ist auch manchmal traurig. Kannst Du mir zeigen, wie Selma aussieht, wenn sie traurig ist?	882	0,82	0,50	−2,370	0,110	1,06	1,0
4	Lene ist manchmal auch überrascht. Kannst Du mir zeigen, wie Lene aussieht, wenn sie überrascht ist?	882	0,86	0,49	−2,879	0,120	0,99	−0,1
5	Selma ekelt sich manchmal. Kannst Du mir zeigen, wie Selma aussieht, wenn sie sich ekelt?	882	0,80	0,52	−2148	0,107	1,09	1,6
6	Lene ist manchmal auch ängstlich. Kannst Du mir zeigen, wie Lene aussieht, wenn sie ängstlich ist?	882	0,74	0,59	−1,629	0,101	1,02	0,4

Tab. 3.3 Itemkennwerte der Komponente Situationen in der Mädchenversion

Item	Item	*N*	*p*	$r_{i(t-i)}$	Parameter	*SE*	WMNSQ	*t*
7	Im Kühlschrank steht eine kleine Box. Lene möchte gerne wissen, was in der Box drin ist und öffnet sie. Es stinkt fürchterlich, weil da ein ganz alter, schimmeliger Käse drin ist. Kannst Du mir zeigen, wie Lene sich fühlt, wenn sie den alten Käse riecht? Ekelt sie sich oder ist sie traurig oder ist sie fröhlich oder ist sie ärgerlich?	882	0,72	0,61	−1,186	0,088	0,85	−3,4
8	Selma möchte gerne ihr Lieblingskuscheltier in ihren Rucksack packen. Aber sie hat ihr Kuscheltier zuhause vergessen. Kannst Du mir zeigen, wie Selma sich fühlt, wenn sie ihr Lieblingskuscheltier nicht in ihren Rucksack packen kann, weil sie es zuhause vergessen hat? Ist sie traurig oder ist sie fröhlich oder ekelt sie sich oder ist sie ängstlich?	882	0,78	0,49	−1,626	0,095	0,96	−0,7
9	Lenes Mutter erlaubt Lene nicht, ihre neue Hose für den Zoo anzuziehen. Kannst Du mir zeigen, wie Lene sich fühlt, wenn ihre Mutter ihr nicht erlaubt, ihre neue Hose anzuziehen? Ist sie fröhlich oder ist sie ärgerlich oder ist sie überrascht oder ist sie ängstlich?	882	0,70	0,51	−1,036	0,087	1,02	0,6
10	Die S-Bahnfahrt dauert sehr lange und ist langweilig. Aber Lenes Mutter hat für Lene und Selma ein Comicheft zum Lesen mitgenommen. Kannst Du mir zeigen, wie Selma sich fühlt, wenn sie das Comicheft in der S-Bahn lesen kann, weil die Fahrt so lange dauert? Ist sie fröhlich oder ist sie traurig oder ekelt sie sich oder ist sie ängstlich?	882	0,69	0,47	−1,000	0,086	1,08	1,8
11	An einer S-Bahn-Station steigen einige große, böse aussehende Männer mit bellenden Hunden in die S-Bahn ein. Auf der anderen Straßenseite sieht Lene ein paar hübsche Blumen stehen. Kannst Du mir zeigen, wie Lene sich fühlt, wenn die Männer mit den Hunden in die S-Bahn einsteigen und sie die Blumen sieht? Ist sie fröhlich oder ist sie ängstlich oder ekelt sie sich oder ist sie überrascht?	882	0,51	0,43	0,023	0,079	1,13	3,7
12	Eigentlich kennt Lene den Weg, den die S-Bahn fährt. Sie fährt durch einige dunkle Tunnel. Aber heute fährt sie einen anderen Weg als sonst. Kannst Du mir zeigen, wie Lene sich fühlt, wenn die S-Bahn einen anderen Weg fährt als sonst und nicht durch die dunklen Tunnel? Ist sie überrascht oder ekelt sie sich oder ist sie ärgerlich oder ist sie fröhlich?	882	0,51	0,54	0,023	0,079	0,98	−0,7

Tab. 3.4 Itemkennwerte der Komponente Wünsche in der Mädchenversion

Item	Item	*N*	*p*	$r_{i(t-i)}$	Parameter	*SE*	WMNSQ	*t*
13	Lene und Selma möchten auch gerne auf dem Rüssel des Elefanten sitzen und sich tragen lassen. Und der Tierpfleger erlaubt es ihnen auch. Kannst Du mir zeigen, wie Lene und Selma sich fühlen, wenn sie auf dem Rüssel des Elefanten sitzen dürfen? Ekeln sie sich oder sind sie traurig oder sind sie fröhlich oder sind sie ärgerlich?	881	0,58	0,83	−0,361	0,101	0,69	−5,2
14	Lene und Selma möchten auch gerne einmal einen großen Elefantenhaufen anschauen. Aber dann geht der Tierpfleger auf einmal weg und zeigt einem anderen Kind den großen Haufen. Kannst Du mir zeigen, wie Lene und Selma sich fühlen, wenn der Tierpfleger auf einmal weggeht und sie sich nicht den Haufen ansehen können? Sind sie ängstlich oder ekeln sie sich oder sind sie fröhlich oder sind sie traurig?	881	0,53	0,78	0,165	0,097	0,81	−3,6
15	Lene und Selma möchten aber nicht mit dem Tierpfleger gehen. Aber der Tierpfleger nimmt Lene und Selma einfach mit, damit sie die Tür öffnen. Kannst Du mir zeigen, wie Lene und Selma sich fühlen, als der Tierpfleger sie einfach mitnimmt, um den Affen die Tür zu öffnen? Sind sie ängstlich oder sind sie ärgerlich oder sind sie überrascht oder sind sie fröhlich?	881	0,32	0,53	1,769	0,092	1,12	3,0
16	Lene und Selma wollen das aber nicht so gerne versuchen. Doch Lenes Mutter sagt, sie müssen das mal versuchen. Kannst Du mir zeigen, wie Lene und Selma sich fühlen, als Lenes Mutter sagt, dass sie das versuchen müssen? Sind sie überrascht oder sind sie traurig oder sind sie fröhlich oder ekeln sie sich?	881	0,37	0,58	1,371	0,091	1,11	2,7
17	Lene und Selma möchten aber nicht die Äffchen füttern. Sie wollen lieber nur zusehen und die Äffchen bleiben auch nur bei den anderen Kindern. Kannst Du mir zeigen, wie Lene und Selma sich fühlen, wenn die Äffchen nur bei den anderen Kindern bleiben und sie nur beim Füttern zusehen dürfen? Ekeln sie sich oder sind sie ängstlich oder sind sie traurig oder sind sie fröhlich?	881	0,23	0,39	2,509	0,097	1,23	4,7

Tab. 3.5 Itemkennwerte der Komponente Gemischte Emotionen in der Mädchenversion

Item	Item	*N*	*p*	$r_{i(t-i)}$	Parameter	*SE*	WMNSQ	*t*
18	Selma unterhält sich gerade mit Lenes Mutter, als sie plötzlich jemand von hinten antippt. Als sie sich umdreht, sieht sie, dass es eine Freundin aus der Schule ist, die sie sehr gerne mag. Selma wusste gar nicht, dass sie auch in den Zoo kommt. Kannst Du mir zeigen, wie Selma sich fühlt, wenn sie plötzlich ihre andere Freundin in der Warteschlange sieht? Ist sie überrascht und fröhlich gleichzeitig oder ist sie überrascht oder ist sie traurig und ängstlich gleichzeitig oder ist sie traurig?	881	0,53	0,79	0,287	0,105	0,86	−2,3
19	Lene und ihre Eltern wollen in dem Schaufenster vom Zooladen noch nach einem Geschenk schauen. Selma möchte da auch gerne mitgehen, aber sie soll ganz alleine zwischen den fremden Menschen in der Warteschlage stehen bleiben und den Platz freihalten. Kannst Du mir zeigen, wie Selma sich fühlt, wenn sie sich die Sachen im Schaufenster nicht ansehen kann und auch noch ganz alleine bei den fremden Menschen in der Warteschlange stehen bleiben muss? Ist sie traurig oder ist sie überrascht oder ist sie ängstlich und fröhlich gleichzeitig oder ist sie traurig und ängstlich gleichzeitig?	879	0,38	0,66	1,624	0,097	0,99	−0,3
20	Ein Mann mit einem großen Hund kommt vorbei. Der Hund sieht böse aus und will auf Selma zuspringen. Da macht Selma einen Schritt zurück und tritt in einen Hundehaufen. Kannst Du mir zeigen wie Selma sich fühlt, wenn der Hund auf sie zuspringt und sie in einen Hundehaufen tritt? Ist sie ärgerlich oder ist sie ängstlich und ekelt sich gleichzeitig oder ist sie ängstlich oder ist sie überrascht und fröhlich gleichzeitig?	878	0,48	0,76	0,696	0,102	0,89	−2,0

21	Lene und Selma bekommen von Lenes Eltern jeder etwas Geld geschenkt, das sie im Zoo ausgeben können. Lene und Selma wollen ganz viele Süßigkeiten von dem Geld kaufen. Aber Lenes Mutter verbietet Lene, das ganze Geld nur für Süßigkeiten auszugeben. Kannst du mir zeigen, wie Lene sich fühlt, wenn sie das Geld bekommt, aber ihre Mutter ihr verbietet, alles für Süßigkeiten auszugeben? Ist sie überrascht oder ist sie ängstlich und fröhlich gleichzeitig oder ekelt sie sich oder ist sie fröhlich und ärgerlich gleichzeitig?	878	0,30	0,60	2,252	0,097	1,01	0,2
22	Für die restliche Zeit im Zoo bekommen Lene und Selma ein Handy von Lenes Eltern, damit sie anrufen können, wenn sie sich mal verlieren. Lene hat sich schon lange ein Handy gewünscht. Aber Lenes Vater sagt: Wenn sie nicht gut auf das Handy aufpassen, wird Lene auch später kein Handy bekommen. Kannst Du mir zeigen, wie Lene sich fühlt, als sie das Handy bekommen aber ihr Vater sie warnt, dass sie später keins bekommt, wenn sie nicht gut darauf aufpasst? Ist sie ängstlich oder ist sie fröhlich und ängstlich gleichzeitig oder ekelt sie sich und ist traurig gleichzeitig oder ist sie ärgerlich und fröhlich gleichzeitig?	878	0,15	0,39	3,711	0,114	1,16	2,3

Tab. 3.6 Itemkennwerte der Komponente Überzeugungen in der Mädchenversion

Item	Item	*N*	*p*	$r_{i(t-i)}$	Parameter	*SE*	WMNSQ	*t*
23	Bei den Kindermenüs gibt es kleine Boxen mit Figuren von Tieren. Auf Selmas Box ist ein Nilpferd abgebildet und deswegen denkt Selma, dass darin eine Nilpferdfigur ist. Aber Selma mag Nilpferde gar nicht so gerne. In Wirklichkeit ist aber eine Tigerfigur in Selmas Box. Und Tiger mag Selma sehr gern. Kannst Du mir zeigen, wie Selma sich fühlt, als sie die Box mit dem Nilpferd darauf sieht? Ekelt sie sich oder ist sie traurig oder ist sie überrascht oder ist sie fröhlich?	877	0,42	0,67	1,450	0,100	1,09	1,9
24	Zum Nachtisch hat sich Lenes Mutter einen heißen Kakao bestellt. Sie sagt, Lene darf probieren. Aber Lene denkt, dass der Kakao viel zu heiß ist und sie sich den Mund verbrennt. In Wirklichkeit ist der Kakao aber gar nicht mehr so heiß. Kannst Du mir zeigen, wie Lene sich fühlt, als sie den heißen Kakao probieren soll? Ist sie fröhlich oder ekelt sie sich oder ist sie ängstlich oder ist sie ärgerlich?	877	0,35	0,60	2,044	0,099	1,20	4,0
25	Einige der Vögel fliegen ganz dicht über Lenes und Selmas Köpfen. Es sieht so aus, als würden sie gleich auf ihren Köpfen landen. Lene glaubt nicht, dass es wehtun wird, wenn die Vögel auf ihren Köpfen landen. Sie glaubt, sie kann dann die schönen weichen Federn der Vögel streicheln. Aber Selma glaubt, wenn die Vögel auf ihren Köpfen landen, wird das ganz schön wehtun. Kannst Du mir zeigen, wie Lene sich fühlt, als es so aussieht, als würden die Vögel auf ihren Köpfen landen? Ist Lene fröhlich oder ist sie ärgerlich oder ist sie ängstlich oder ist sie überrascht? Und kannst Du mir zeigen, wie Selma sich fühlt, als es so aussieht, als würden die Vögel auf ihren Köpfen landen? Ist Selma ängstlich oder ist sie fröhlich oder ist sie traurig oder ist sie überrascht?	876	0,20	0,50	3,432	0,107	1,06	1,1

26	Lene und Selma wollen gerne einen Pelikan mit Fisch füttern. Sie sehen, wie ein anderes Kind zusammen mit einem Tierpfleger einen Pelikan füttert. Lene glaubt, dass der Pelikan jetzt bestimmt schon satt ist und sie ihn jetzt nicht mehr füttern dürfen. Aber Selma denkt, sie dürfen den Pelikan jetzt auch füttern. Kannst Du mir zeigen, wie Lene sich fühlt, als sie sehen, dass das andere Kind den Pelikan füttert? Ist Lene ängstlich oder ist sie traurig oder ist sie überrascht oder ist sie fröhlich? Und kannst Du mir zeigen wie Selma sich fühlt, als sie sehen, dass das andere Kind den Pelikan füttert? Ekelt sich Selma oder ist sie fröhlich oder ist sie überrascht oder ist sie ärgerlich?	876	0,16	0,47	3,800	0,113	1,01	0,2
27	Einige Kinder haben in der großen Halle die Vögel so sehr erschreckt, dass sie nun ganz aufgeregt umherfliegen. Lene findet, dass es ganz schön blöd von den Kindern war, dass sie die Vögel so erschreckt haben. Aber Selma findet das ganz schön gefährlich, weil sie glaubt, die Vögel könnten gegen sie fliegen und ihr wehtun. Kannst Du mir zeigen, wie Lene sich fühlt, als die Vögel so umherfliegen, weil die Kinder sie erschreckt haben? Ist Lene überrascht oder ekelt sie sich oder ist sie ärgerlich oder ist sie traurig? Und kannst du mir zeigen, wie Selma sich fühlt, als die Vögel so umherfliegen, weil die Kinder sie erschreckt haben? Ist Selma überrascht oder ist sie ängstlich oder ist sie fröhlich oder ist sie ärgerlich?	875	0,18	0,51	3,597	0,110	0,97	−0,6

Tab. 3.7 Itemkennwerte der Komponente Ausdrucksregeln in der Mädchenversion

Item	Item	*N*	*p*	$r_{i(t-i)}$	Parameter	*SE*	WMNSQ	*t*
28	Selma sieht bei den Schlangen eine andere Freundin aus der Schule. Die will sich gleich mit Selma zusammen die Schlangen anschauen. Aber Selma möchte eigentlich viel lieber mit Lene die Schlangen ansehen und nicht mit der anderen Freundin. Selma möchte ihrer anderen Freundin nicht wehtun und schaut sich mit ihr die Schlangen an, obwohl sie das lieber mit Lene machen würde. Ihr Gesicht sieht deswegen aber anders aus, als sie sich wirklich fühlt. Hier siehst Du, wie ihr Gesicht aussieht. Es sieht fröhlich aus. Kannst Du mir zeigen, wie Selma sich wirklich fühlt? Ist sie ängstlich oder ist sie traurig oder ist sie fröhlich oder ist sie überrascht?	875	0,36	0,65	1,588	0,093	1,0	0,0
29	Es gibt Fische, die sich streicheln lassen. Lene und Selma wollen das auch gerne machen. Aber es darf immer nur ein Kind seine Hand in das Becken reinhalten. Selma wollte eigentlich zuerst drankommen, aber dann kommt Lene und drängelt sich einfach vor. Selma möchte sich nicht mit Lene streiten, weil die sich vorgedrängelt hat. Deswegen sieht ihr Gesicht anders aus als sie sich wirklich fühlt. Hier siehst Du wie ihr Gesicht aussieht. Es sieht fröhlich aus. Kannst Du mir zeigen, wie Selma sich wirklich fühlt? Ist sie ängstlich oder ekelt sie sich oder ist sie ärgerlich oder ist sie fröhlich?	875	0,47	0,75	0,798	0,097	0,89	−2,3
30	Lene möchte unbedingt auf einem Pony reiten. Aber Selma findet die Ponys viel zu groß und zu schnell. Trotzdem stellt sie sich zum Reiten an. Selma möchte nicht, dass Lene denkt, dass sie ein Angsthase ist und deswegen geht sie mit zum Ponyreiten. Kannst Du mir zeigen, wie Selmas Gesicht aussieht, wenn sie zum Ponyreiten geht? Sieht ihr Gesicht fröhlich aus oder sieht es traurig aus oder sieht es ängstlich aus oder sieht es überrascht aus? Und kannst Du mir zeigen, wie Selma sich fühlt, wenn sie zum Ponyreiten geht? Ist sie ängstlich oder ist sie fröhlich oder ist sie traurig oder ist sie überrascht?	874	0,03	0,12	5,652	0,223	1,15	0,9

31	Im Kaninchenstall kommt ein Mädchen und fragt Lene immer wieder, ob sie ihr ein Kaninchen fängt. Lene findet das Mädchen wirklich nett, aber Selma findet das total frech von dem Mädchen. Sie sagt, dass es nervt. Lene möchte nicht, dass Selma weiß, dass sie das Mädchen eigentlich ganz nett findet. Kannst Du mir zeigen, wie Lenes Gesicht aussieht, als das Mädchen immer wieder fragt, ob sie ihr hilft? Sieht ihr Gesicht fröhlich aus oder sieht es ängstlich aus oder sieht es ärgerlich aus oder sieht es aus als würde sich Lene ekeln? Und kannst Du mir zeigen, wie Lene sich fühlt, als sie das Mädchen immer wieder fragt, ob sie ihr hilft? Ist Lene ärgerlich oder ist sie fröhlich oder ist sie traurig oder ekelt sie sich?	872	0,04	0,23	5,094	0,181	1,03	0,2
32	Selma hat eine Schachtel mit Ziegenfutter bekommen, obwohl sie die Ziegen gar nicht füttern will. Auf einmal schnappt sich eine Ziege das Futter und frisst es ganz auf. Jetzt hat Selma kein Futter mehr. Selma möchte nicht, dass Lenes Eltern wissen, dass sie eigentlich kein Futter haben wollte. Kannst Du mir zeigen, wie Selmas Gesicht aussieht, als die Ziege ihr das Futter weggeschnappt hat? Sieht ihr Gesicht traurig aus oder sieht es ängstlich aus oder sieht es fröhlich aus oder sieht es aus als würde sich Selma ekeln? Und kannst Du mir zeigen wie Selma sich fühlt, als die Ziege ihr das Futter weggeschnappt hat? Ekelt Selma sich oder ist sie ängstlich oder ist sie fröhlich oder ist sie traurig?	869	0,03	0,18	5,646	0,223	0,98	0,0

Tab. 3.8 Itemkennwerte der Komponente Emotionsregulationsstrategien in der Mädchenversion

Item	Item	*N*	*p*	$r_{i(t-i)}$	Parameter	*SE*	WMNSQ	*t*
33	Lene ekelt sich sehr vor dem Käse. Was könnte Lene am besten tun, damit sie sich nicht mehr so vor dem Käse ekelt? Lene könnte sich vorstellen, dass in dem Käse bestimmt auch schon Würmer leben. Lene könnte den Käse schnell in die Mülltonne vor dem Haus werfen, damit es drinnen nicht mehr so stinkt. Lene könnte ihre Mutter anschreien, dass sie den Käse wegtun soll. Lene kann gar nichts dagegen tun, dass sie sich vor dem Käse ekelt.	882	0,62	0,28	−0,570	0,077	1,16	4,5
34	Lene ist ängstlich, weil die großen, böse aussehenden Männer mit den Hunden eingestiegen sind. Was könnte Lene am besten tun, damit sie nicht mehr ängstlich ist? Lene könnte die Männer und die Hunde die ganze Zeit ansehen. Lene kann gar nichts dagegen tun, dass sie ängstlich ist. Lene könnte an die vielen tollen Tiere denken, die sie im Zoo bald sehen werden. Lene könnte daran denken, dass die Hunde sie bestimmt beißen werden.	882	0,54	0,40	−0,124	0,074	1,05	1,6
35	Selma ist ärgerlich, weil Lene sich vorgedrängelt hat. Was könnte Selma am besten tun, damit sie nicht mehr ärgerlich ist? Selma könnte sich selbst auch vordrängeln. Selma könnte denken, dass Lene immer alles zuerst machen darf. Selma kann gar nichts dagegen tun, dass sie ärgerlich ist. Selma könnte denken, dass sie die Fische ja trotzdem auch anfassen darf.	875	0,46	0,73	0,243	0,074	0,73	−10,6

Tab. 3.9 Gemittelte Itemkennwerte und Reliabilitäten der Komponenten

Komponente	Gemittelter Itemparameter	Gemittelte Schwierigkeit	Gemittelte Trennschärfe	EAP/PV Reliabilität
Emotionen Erkennen	−2,634	0,83	0,49	0,87
Situationen	−0,800	0,65	0,51	0,88
Wünsche	1,091	0,41	0,62	0,89
Gemischte Emotionen	1,714	0,37	0,64	0,92
Überzeugungen	2,865	0,26	0,55	0,90
Ausdrucksregeln	3,756	0,18	0,39	0,91
Emotionsregulations-strategien	−0,150	0,54	0,47	0,82

nenten 3 bis 6 steigen die Schwierigkeiten vom ersten bis zum letzten Item der Komponente immer mit einer Ausnahme bei zwei benachbarten Items an (Komponenten 3: Items 15 und 16; Komponente 4: Items 19 und 20; Komponente 5: Items 26 und 27; Komponente 6: Items 28 und 29). Hier sind die Unterschiede in den Schwierigkeiten jedoch immer sehr gering und/oder liegen bei zwei von den ersten drei Items einer Komponente, sodass es auch hier nicht dazu kommen sollte, dass Sprung- und Abbruchregeln aufgrund der „vertauschten" Schwierigkeiten angewendet werden.

In Tab. 3.9 sind die gemittelten Itemkennwerte der Komponenten des ATEM 3-9 aufgeführt. Hier wird deutlich, dass die Itemschwierigkeiten/Itemparameter von der ersten bis zur sechsten Komponente wie gewünscht ansteigen. Zudem ist zu sehen, dass die EAP/PV-Reliabilitäten der Komponenten zwischen 0,78 und 0,91 liegen und damit als gut zu bewerten sind.

Zusätzlich zur EAP/PV-Reliabilität wurde in Analysen einer früheren Version des ATEM 3-9 die Retest-Reliabilität berechnet. In diesen Analysen wurden die finalen 32 Items der Komponenten 1–6 und der daraus resultierende Gesamttestwert ausgewertet. Die Retest-Reliabilität des Gesamttestwerts betrug nach einem Zeitraum von ca. sechs Monaten $r(77) = 0{,}53$, $< 0{,}001$.

Normierung des ATEM 3-9

4

4.1 Normstichprobe

Bei der Normierung des ATEM 3-9 wurde Wert auf eine ausgeglichene Verteilung der Geschlechter gelegt, es konnte jedoch keine genaue Gleichverteilung erzielt werden. Ein weiteres Ziel war es zudem, dass sich in jeder Altersgruppe mindestens 50 Kinder befanden, damit die Referenzgruppen für die Interpretation der Ergebnisse ausreichend groß sind. Da die Gruppen bis zum Alter von sieben Jahren in halbjährliche Altersbänder eingeteilt wurden, ergaben sich zunächst 11 verschiedene Altersgruppen. In der Gruppe der 3;0- bis 3;5-Jährigen wurde das Ziel von mindestens 50 Kindern nur knapp erreicht. Zudem sollte die Stichprobe mit einem dem Bundesdurchschnitt entsprechenden Anteil von ca. 40 % aus mehrsprachig aufwachsenden Kindern bestehen. Dies ist leider nicht gelungen, der Anteil an mehrsprachig aufwachsenden Kindern lag je nach Altersgruppe zwischen 14 % und 31 % Prozent. Insgesamt umfasste die Normstichprobe N = 882 Kinder, von denen Daten im Zeitraum zwischen Juni 2019 und Oktober 2019 und im September 2020 erhoben wurden. Teilgenommen haben Kinder aus Kindergärten und Grundschulen in Niedersachsen und Hamburg sowie Studienteilnehmer*innen in Leipzig und Saarbrücken. An den Testungen nahmen ausschließlich Kinder teil, für die eine Einwilligungserklärung seitens der Eltern vorlag und die sich freiwillig zur Teilnahme bereit erklärt hatten. Tab. 4.1 gibt einen Überblick über die Zusammensetzung der Normstichprobe.

4.2 Testabbrüche und Bearbeitungszeiten

Mit den Sprung- und Abbruchregeln ist vorgesehen, dass Kinder, die in den ersten beiden Komponenten des ATEM 3-9 weniger als neun Punkte erzielen, den Test nach der zweiten Komponente abbrechen. Es ist davon auszugehen, dass sie in den folgenden Komponenten keine Punkte mehr erzielen würden, da diese für sie zu anspruchsvoll wären und sie damit Frustration ausgesetzt würden. In Tab. 4.2 ist zu

K. Voltmer, M. von Salisch, *ATEM 3-9 Adaptiver Test des Emotionswissens*, SpringerTests, https://doi.org/10.1007/978-3-662-59358-5_4

Tab. 4.1 Zusammensetzung der Normstichprobe (N = 882)

Altersgruppe in Jahren	N (%)	Geschlecht (%)		Sprache (%)	
		Männlich	Weiblich	Nur Deutsch	Mehrsprachig
3;0–3;5	51 (5,78)	30 (58,82)	21 (41,18)	43 (84,31)	8 (15,69)
3;6–3;11	69 (7,82)	29 (42,03)	40 (57,97)	56 (81,16)	13 (18,84)
4;0–4;5	62 (7,03)	29 (46,77)	33 (53,23)	51 (82,26)	11 (17,74)
4;6–4;11	69 (7,82)	31 (44,93)	38 (55,07)	59 (85,51)	10 (14,49)
5;0–5;5	81 (9,18)	38 (46,91)	43 (53,09)	57 (70,37)	24 (29,63)
5;6–5;11	94 (10,66)	38 (40,43)	56 (59,57)	67 (71,28)	27 (28,72)
6;0–6;5	89 (10,09)	40 (44,94)	49 (55,06)	73 (82,02)	16 (17,98)
6;6–6,11	71 (8,05)	31 (43,66)	40 (56,34)	59 (83,10)	12 (16,90)
7;0–7;11	79 (8,69)	37 (46,84)	42 (53,16)	53 (67,09)	26 (32,91)
8;0–8,11	143 (16,21)	67 (46,85)	76 (53,15)	121 (84,62)	22 (15,38)
9;0–9;11	74 (8,39)	40 (54,05)	34 (45,95)	58 (78,38)	16 (21,62)
Gesamt	882 (100)	410 (46,49)	472 (53,51)	697 (79,02)	185 (20,98)

Tab. 4.2 Anzahl und Anteil der Kinder in der jeweiligen Altersgruppe, die den Test oder die Komponente aufgrund der Sprung- und Abbruchregeln beendeten mit den entsprechenden durchschnittlichen Bearbeitungszeiten des Tests

Altersgruppe in Jahren	Testabbruch (%) N = 882	Komponentenabbruch (%) N = 579				Bearbeitungszeit (in Min,)
	Komp, 2	Komp, 3	Komp, 4	Komp, 5	Komp, 6	
3;0–3;5	47 (92,16)	1 (25,00)	3 (75,00)	3 (75,00)	2 (50,00)	8,9
3;6–3;11	64 (92,75)	2 (40,00)	1 (20,00)	1 (20,00)	2 (40,00)	9,6
4;0–4;5	43 (69,35)	1 (5,26)	9 (47,37)	9 (47,37)	7 (36,84)	13,7
4;6–4;11	45 (65,22)	2 (8,33)	8 (33,33)	11 (45,83)	6 (25,00)	15,5
5;0–5;5	29 (35,80)	7 (13,46)	12 (19,23)	27 (51,92)	28 (53,85)	20,7
5;6–5;11	30 (31,91)	10 (15,62)	13 (20,31)	24 (37,50)	21 (32,81)	21,7
6;0–6;5	19 (21,35)	4 (5,71)	4 (5,71)	31 (44,29)	16 (22,86)	23,7
6;6–6;11	9 (12,68)	2 (3,23)	11 (13,24)	22 (35,48)	22 (35,48)	25,1
7;0–7;11	11 (13,92)	3 (4,41)	9 (13,24)	18 (26,47)	16 (23,53)	24,7
8;0–8,11	3 (2,10)	5 (3,57)	6 (4,29)	26 (18,57)	19 (13,57)	26,3
9;0–9;11	3 (4,05)	1 (1,41)	3 (4,23)	11 (15,49)	11 (15,49)	26,0
Gesamt	303 (34,35)	38 (6,57)	79 (13,74)	183 (31,88)	150 (26,32)	20,8

sehen, dass das Testabbruchkriterium bei 92 % der dreijährigen Kinder angewendet wurde und dass sich die Anwendung mit zunehmendem Alter der Kinder bis auf wenige reduzierte. Bei den Komponenten 3 bis 6 wurde nach jeweils drei falsch beantworteten Items hintereinander die Komponente beendet und zur darauffolgenden Komponente „gesprungen“ (bei Komponente 6 wurde der Test dann beendet). Tab. 4.2 zeigt die Abbrüche der Komponenten 3 bis 6 mit einem N = 579, was den Kindern entspricht, die diese Komponenten bearbeitet haben. Entsprechend den

Abbrüchen des Tests oder der Komponenten verringerte sich für Kinder die Bearbeitungszeit des ATEM 3-9. Die mittlere Bearbeitungszeit für Kinder zwischen 3 und 5 Jahren (Vorschulkinder) lag bei 15 Minuten, für Kinder zwischen 6 und 9 Jahren (Schulkinder) bei 25 Minuten.

4.3 Rohwertverteilung

Die Rohwerte wurden sowohl auf der Gesamttestebene als auch auf der Ebene der einzelnen Komponenten für jede der erhobenen Altersgruppen berechnet. Die Tab. 4.3, 4.4, 4.5, 4.6, 4.7, 4.8, 4.9, 4.10 bilden die deskriptiven Kennwerte der Rohwerte für die Komponenten und für den Gesamttest ab. Da es sich beim ATEM 3-9 um einen Test handelt, bei dem die Itemschwierigkeiten im Verlauf ansteigen, sind hier keine Normalverteilungen anzunehmen. Stattdessen zeigen sich erwartungsgemäß bei den weniger anspruchsvollen Komponenten 1 und 2 (und auch bei Komponente 7) gerade bei den älteren Kindern eher linksschiefe Verteilungen, während die Komponenten 3 bis 6 durch die häufige Anwendung des Testabbruchkriteriums nach Komponente 2, bei dem alle folgenden Items mit 0 Punkten gewertet werden, bei den jüngeren Kindern extrem rechtsschiefe Verteilungen aufweisen. Die im Mittel erreichten Rohwerte der einzelnen Komponenten und des Gesamttests nehmen mit dem Alter der Kinder zu. In Komponente 6 erreichte kein Kind den Höchstwert von fünf Punkten. Somit wurde auch der Höchstwert von 35 Punkten beim Gesamttest nicht erreicht. Um die Bedeutsamkeit der Mittelwertsunterschiede zwischen den einzelnen Altersgruppen zu untersuchen, wurde ein Mehrebenenmodell mit der Altersgruppe als Prädiktor für den Rohwert berechnet, bei dem die Komponenten

Tab. 4.3 Deskriptive Statistiken der Komponente 1 (Emotionen Erkennen) mit den Vergleichen benachbarter Altersgruppen

Altersgruppe in Jahren	N	M	SD	Min	Max	Schiefe	Kurtosis	SE	Post-hoc Test (Diff.)
3;0–3;5	51	2,75	1,32	0	6	0,41	−0,56	0,19	
3;6–3;11	69	3,17	1,54	0	6	0,07	−0,94	0,19	0,43, $p = ,470$
4;0–4;5	62	4,31	1,52	0	6	−0,76	−0,27	0,19	1,13, $p < 0,001$
4;6–4;11	69	4,20	1,43	0	6	−0,74	0,08	0,17	−0,09, $p = 1,00$
5;0–5;5	81	5,28	1,03	1	6	−1,74	3,33	0,11	1,08, $p < 0,001$
5;6–5;11	94	5,32	1,05	1	6	−1,92	3,87	0,11	0,04, $p = 1,00$
6;0–6;5	89	5,44	0,88	2	6	−1,65	2,40	0,09	0,12, $p = 1,00$
6;6–6;11	71	5,49	0,89	2	6	−2,18	5,00	0,11	0,05, $p = 1,00$
7;0–7;11	79	5,62	0,72	3	6	−1,73	1,91	0,08	0,13, $p = 1,00$
8;0–8;11	143	5,80	0,43	4	6	−2,02	3,30	0,04	0,18, $p = 1,00$
9;0–9;11	74	5,82	0,48	4	6	−2,69	6,41	0,06	0,02, $p = 1,00$
Gesamt	882	5,01	1,39	0	6	−1,46	1,28	0,05	

Anmerkungen: M = Mittelwert, SD = Standardabweichung, SE = Standardfehler, Diff. = Differenz

Tab. 4.4 Deskriptive Statistiken der Rohwerte der Komponente 2 (Situationen) mit den Vergleichen benachbarter Altersgruppen

Altersgruppe in Jahren	N	M	SD	Min	Max	Schiefe	Kurtosis	SE	Post-hoc Test (Diff.)
3;0–3;5	51	1,86	1,40	0	6	1,10	1,18	0,20	
3;6–3;11	69	2,04	1,32	0	5	0,41	−0,62	0,16	0,18, $p = 1{,}00$
4;0–4;5	62	2,63	1,59	0	6	−0,16	−0,89	0,20	0,59, $p = 0{,}896$
4;6–4;11	69	3,29	1,52	0	6	−0,19	−0,78	0,18	0,66, $p = 0{,}617$
5;0–5;5	81	3,67	1,35	0	6	−0,38	−0,01	0,15	0,38, $p = 1{,}00$
5;6–5;11	94	3,79	1,47	0	6	−0,29	−0,63	0,15	0,12, $p = 1{,}00$
6;0–6;5	89	4,26	1,41	1	6	−0,51	−0,54	0,15	0,47, $p = 0{,}951$
6;6–6;11	71	4,51	1,11	2	6	−0,20	−0,91	0,13	0,25, $p = 1{,}00$
7;0–7;11	79	4,61	1,35	0	6	−1,18	1,33	0,15	0,10, $p = 1{,}00$
8;0–8;11	143	5,17	0,9	3	6	−0,8	−0,29	0,07	0,56, $p = 0{,}047$
9;0–9;11	74	4,92	1,07	0	6	−1,63	4,65	0,12	−0,25, $p = 1{,}00$
Gesamt	882	3,91	1,66	0	6	−0,55	−0,57	0,06	

Anmerkungen: M = Mittelwert, SD = Standardabweichung, SE = Standardfehler, Diff. = Differenz

Tab. 4.5 Deskriptive Statistiken der Rohwerte der Komponente 3 (Wünsche) mit den Vergleichen benachbarter Altersgruppen

Altersgruppe in Jahren	N	M	SD	Min	Max	Schiefe	Kurtosis	SE	Post-hoc Test (Diff.)
3;0–3;5	51	0,24	0,93	0	5	4,08	16,1	0,13	
3;6–3;11	68	0,12	0,68	0	4	5,45	28,1	0,08	−0,12, $p = 1{,}00$
4;0–4;5	62	1,00	1,59	0	5	1,06	−0,61	0,20	0,88, $p = 0{,}042$
4;6–4;11	69	1,14	1,77	0	5	1,11	−0,45	0,21	0,14, $p = 1{,}00$
5;0–5;5	81	1,96	1,80	0	5	0,14	−1,57	0,20	0,82, $p = 0{,}033$
5;6–5;11	94	1,83	1,65	0	5	0,21	−1,30	0,17	−0,13, $p = 1{,}00$
6;0–6;5	89	2,43	1,59	0	5	−0,37	−1,13	0,17	0,60, $p = 0{,}411$
6;6–6;11	71	2,76	1,41	0	5	−0,67	−0,28	0,17	0,33, $p = 1{,}00$
7;0–7;11	79	2,59	1,43	0	5	−0,55	−0,56	0,16	−0,17, $p = 1{,}00$
8;0–8;11	143	3,11	1,13	0	5	−0,54	0,19	0,09	0,52, $p = 0{,}683$
9;0–9;11	74	3,18	1,11	0	5	−0,52	−0,01	0,13	0,07, $p = 1{,}00$
Gesamt	881	2,03	1,73	0	5	0,03	−1,47	0,06	

Anmerkungen: M = Mittelwert, SD = Standardabweichung, SE = Standardfehler, Diff. = Differenz

Tab. 4.6 Deskriptive Statistiken der Rohwerte der Komponente 4 (Gemischte Emotionen) mit den Vergleichen benachbarter Altersgruppen

Altersgruppe in Jahren	N	M	SD	Min	Max	Schiefe	Kurtosis	SE	Post-hoc Test (Diff.)
3;0–3;5	51	0,08	0,56	0	4	6,73	44,12	0,08	
3;6–3,11	68	0,12	0,56	0	3	4,54	19,42	0,07	0,04, $p = 1{,}00$
4;0–4;5	62	0,48	0,92	0	3	1,79	1,97	0,12	0,36, $p = 1{,}00$
4;6–4,11	69	0,68	1,27	0	5	1,72	1,85	0,15	0,20, $p = 1{,}00$
5;0–5;5	79	1,41	1,49	0	5	0,61	−1,00	0,17	0,72, $p = 0{,}164$
5;6–5,11	94	1,61	1,55	0	4	0,22	−1,59	0,16	0,20, $p = 1{,}00$
6;0–6;5	89	2,25	1,55	0	5	−0,23	−1,20	0,16	0,64, $p = 0{,}222$
6;6–6,11	71	2,14	1,59	0	5	0,07	−1,19	0,19	−0,11, $p = 1{,}00$
7;0–7;11	79	2,39	1,52	0	5	−0,37	−1,09	0,17	0,25, $p = 1{,}00$
8;0–8,11	142	3,42	1,17	0	5	−0,75	0,38	0,10	1,03, $p < 0{,}001$
9;0–9;11	74	3,26	1,35	0	5	−0,83	0,11	0,16	−0,28, $p = 1{,}00$
Gesamt	878	1,84	1,73	0	5	0,24	−1,43	0,06	

Anmerkungen: M = Mittelwert, SD = Standardabweichung, SE = Standardfehler, Diff. = Differenz

Tab. 4.7 Deskriptive Statistiken der Rohwerte der Komponente 5 (Überzeugungen) mit den Vergleichen benachbarter Altersgruppen

Altersgruppe in Jahren	N	M	SD	Min	Max	Schiefe	Kurtosis	SE	Post-hoc Test (Diff.)
3;0–3;5	51	0,08	0,34	0	2	4,42	19,86	0,05	
3;6–3;11	67	0,06	0,34	0	2	5,40	27,6	0,04	0,02, $p = 1{,}00$
4;0–4;5	61	0,31	0,67	0	3	2,15	4,00	0,09	0,25, $p = 1{,}00$
4;6–4;11	69	0,52	1,17	0	5	2,44	5,35	0,14	0,21, $p = 1{,}00$
5;0–5;5	79	0,72	0,97	0	4	1,31	1,00	0,11	0,20, $p = 1{,}00$
5;6–5;11	94	0,97	1,16	0	5	1,17	0,90	0,12	0,25, $p = 1{,}00$
6;0–6;5	89	1,19	1,20	0	5	0,66	−0,49	0,13	0,22, $p = 1{,}00$
6;6–6;11	71	1,62	1,49	0	5	0,58	−0,70	0,18	0,43, $p = 0{,}999$
7;0–7;11	79	1,87	1,44	0	5	0,27	−0,94	0,16	0,25, $p = 1{,}00$
8;0–8;11	141	2,60	1,42	0	5	−0,23	−0,75	0,12	0,73, $p = 0{,}009$
9;0–9;11	74	2,66	1,52	0	5	−0,19	−0,98	0,18	0,06, $p = 1{,}00$
Gesamt	875	1,31	1,50	0	5	0,85	−0,45	0,05	

Anmerkungen: M = Mittelwert, SD = Standardabweichung, SE = Standardfehler, Diff. = Differenz

Tab. 4.8 Deskriptive Statistiken der Rohwerte der Komponente 6 (Ausdrucksregeln) mit den Vergleichen benachbarter Altersgruppen

Altersgruppe in Jahren	N	M	SD	Min	Max	Schiefe	Kurtosis	SE	Post-hoc Test (Diff.)
3;0–3;5	51	0,10	0,41	0	2	4,04	15,17	0,06	
3;6–3;11	67	0,04	0,27	0	2	6,22	39,42	0,03	−0,06, $p = 1{,}00$
4;0–4;5	59	0,31	0,75	0	3	2,37	4,55	0,10	0,26, $p = 1{,}00$
4;6–4;11	69	0,54	0,90	0	4	1,62	2,09	0,11	0,23, $p = 1{,}00$
5;0–5;5	78	0,51	0,79	0	3	1,39	1,05	0,09	−0,02, $p = 1{,}00$
5;6–5;11	94	0,77	0,87	0	3	0,56	−1,22	0,09	0,25, $p = 1{,}00$
6;0–6;5	89	1,09	0,97	0	4	0,56	−0,40	0,10	0,32, $p = 1{,}00$
6;6–6;11	71	1,13	0,84	0	3	0,18	−0,83	0,10	0,04, $p = 1{,}00$
7;0–7;11	78	1,22	0,89	0	3	0,00	−1,07	0,10	0,09, $p = 1{,}00$
8;0–8;11	139	1,64	0,78	0	4	−0,56	0,37	0,07	0,44, $p = 0{,}948$
9;0–9;11	74	1,76	0,93	0	4	−0,21	−0,49	0,11	0,12, $p = 1{,}00$
Gesamt	869	0,93	0,98	0	4	0,57	−0,84	0,03	

Anmerkungen: M = Mittelwert, SD = Standardabweichung, SE = Standardfehler, Diff. = Differenz

Tab. 4.9 Deskriptive Statistiken der Rohwerte der Komponente 7 (Emotionsregulationsstrategien) mit den Vergleichen benachbarter Altersgruppen

Altersgruppe in Jahren	N	M	SD	Min	Max	Schiefe	Kurtosis	SE	Post-hoc Test (Diff.)
3;0–3;5	51	0,67	0,74	0	3	0,88	0,31	0,10	
3;6–3;11	67	0,73	0,73	0	2	0,45	−1,06	0,09	0,06, $p = 1{,}00$
4;0–4;5	61	1,13	0,85	0	3	0,41	−0,45	0,11	0,40, $p = 1{,}00$
4;6–4;11	69	1,32	1,08	0	3	0,19	−1,28	0,13	0,19, $p = 1{,}00$
5;0–5;5	79	1,47	0,98	0	3	0,09	−1,05	0,11	0,15, $p = 1{,}00$
5;6–5;11	94	1,46	0,99	0	3	0,12	−1,05	0,10	−0,01, $p = 1{,}00$
6;0–6;5	89	1,99	0,96	0	3	−0,59	−0,68	0,10	0,53, $p = 0{,}755$
6;6–6;11	71	2,10	0,85	0	3	−0,60	−0,43	0,10	1,11, $p = 1{,}00$
7;0–7;11	79	1,94	0,98	0	3	−0,44	−0,94	0,11	−0,16, $p = 1{,}00$
8;0–8;11	141	2,11	0,83	0	3	−0,58	−0,41	0,07	0,17, $p = 1{,}00$
9;0–9;11	74	1,96	0,97	0	3	−0,45	−0,95	0,11	−0,15, $p = 1{,}00$
Gesamt	875	1,62	1,03	0	3	−0,12	−1,14	0,03	

Anmerkungen: M = Mittelwert, SD = Standardabweichung, SE = Standardfehler, Diff. = Differenz

Tab. 4.10 Deskriptive Statistiken der Rohwerte des Gesamttests mit den Vergleichen benachbarter Altersgruppen

Altersgruppe in Jahren	N	M	SD	Min	Max	Schiefe	Kurtosis	SE	Post-hoc Test (Diff.)
3;0–3;5	51	5,76	3,86	1	22	2,35	6,15	0,54	
3;6–3;11	67	6,09	3,38	1	22	1,98	7,19	0,41	0,33, $p = 1{,}00$
4;0–4;5	59	9,85	5,98	0	22	0,68	−0,79	0,78	3,76, $p = 0{,}007$
4;6–4;11	69	11,70	7,31	2	31	0,81	−0,53	0,88	1,85, $p = 0{,}754$
5;0–5;5	78	14,90	6,25	1	28	−0,12	−1,28	0,71	3,20, $p = 0{,}027$
5;6–5;11	94	15,73	6,57	2	28	−0,11	−1,10	0,68	0,84, $p = 0{,}997$
6;0–6;5	89	18,64	6,45	4	31	−0,72	−0,56	0,68	2,91, $p = 0{,}023$
6;6–6;11	71	19,75	5,67	6	31	−0,60	−0,05	0,67	1,11, $p = 0{,}979$
7;0–7;11	78	20,26	6,32	5	30	−0,98	0,06	0,72	0,51, $p = 0{,}999$
8;0–8;11	139	23,88	4,09	8	32	−1,17	2,51	0,35	3,62, $p < 0{,}001$
9;0–9;11	74	23,55	5,14	5	33	−1,15	1,96	0,60	−0,33, $p = 0{,}999$
Gesamt	869	16,61	8,21	0	33	−0,24	−1,30	0,28	

Anmerkungen: M = Mittelwert, SD = Standardabweichung, SE = Standardfehler, Diff. = Differenz

1–7 die erste Ebene und die Kinder die zweite Ebene bildeten. Für den Gesamttestwert wurde zusätzlich eine ANOVA mit dem Alter der Kinder als Prädiktor des Testwertes berechnet. Die Mittelwertsunterschiede und die dazugehörigen p-Werte benachbarter Altersgruppen wurden mittels einer Tukey-HSD Post-hoc Analyse ermittelt und ebenfalls in den Tab. 4.3, 4.4, 4.5, 4.6, 4.7, 4.8, 4.9, 4.10 aufgeführt. Bei den Komponenten 1–7 zeigten sich nur vereinzelt signifikante Unterschiede bei den Mittelwerten der Rohwerte bei benachbarten Altersgruppen, beim Gesamtrohwert zeigten sich jeweils signifikante Unterschiede zwischen den 3;6–3;11-Jährigen und den 4;0–4;5-Jährigen, den 4;6–4;11-Jährigen und den 5;0–5;5-Jährigen, den 5;6–5;11-Jährigen und den 6;0–6;5-Jährigen und den 7;0–7;11-Jährigen und den 8;0–8;11-Jährigen. Die für die Normierung ursprünglich vorgesehene Differenzierung der Altersgruppen in halbjährliche Altersbänder bis zum Alter von sieben Jahren scheint auf dieser Grundlage nicht nötig zu sein. Für die Normtabellen, die Analysen von Gruppenunterschieden sowie die Validitätsanalysen werden die Altersgruppen so zusammengefasst, dass sich sieben Gruppen mit ganzjährigen Altersbändern von drei bis neun Jahren ergeben.

Die in den Tab. 4.11 und 4.12 angegeben Häufigkeitsverteilungen spiegeln die Schiefe und die Kurtosis der Verteilungen in den einzelnen Komponenten noch einmal wider. Dort wird angegeben, welcher Anteil der Kinder der jeweiligen Altersgruppe einen bestimmten Rohwert in den Komponenten erreicht hat. Die Verteilung des Gesamtrohwerts des ATEM 3-9 für die unterschiedlichen Altersgruppen ist in Abb. 4.1 dargestellt. Sie zeigt ebenfalls, dass die Werte bei den jüngeren Kindern eine eher rechtsschiefe und bei den älteren Kindern eine eher linksschiefe Verteilung annehmen.

Tab. 4.11 Anteilige Häufigkeiten der erreichten Rohwerte in den Komponenten 1–4 des ATEM 3-9 (alle Angaben in %)

	Komponente 1							Komponente 2							Komponente 3						Komponente 4					
Altersgruppe	0	1	2	3	4	5	6	0	1	2	3	4	5	6	0	1	2	3	4	5	0	1	2	3	4	5
3;0–3;5	2	12	39	18	18	10	2	12	35	27	16	4	2	4	92	2	2	0	2	2	98	0	0	0	2	0
3;6–3;11	1	16	17	23	20	14	7	10	29	28	17	12	4	0	96	0	0	0	3	0	94	0	1	3	0	0
4;0–4;5	2	3	10	15	15	32	24	15	10	19	24	21	10	2	69	2	2	16	10	2	73	15	5	8	0	0
4;6–4;11	1	4	6	16	25	29	19	3	12	16	22	25	17	6	65	6	3	9	10	7	72	6	10	6	4	1
5;0–5;5	0	1	1	4	11	27	56	2	4	9	32	23	22	7	38	6	11	16	22	6	41	16	15	14	11	1
5;6–5;11	0	1	3	1	11	26	59	1	6	13	19	28	19	14	37	5	17	23	12	5	41	9	12	24	14	0
6;0–6;5	0	0	1	3	9	24	63	0	4	8	15	27	22	24	22	6	12	31	22	6	25	3	24	22	22	3
6;6–6;11	0	0	3	1	6	24	66	0	0	3	17	30	28	23	14	1	17	37	24	7	23	15	15	25	14	7
7;0–7;11	0	0	0	1	10	14	75	1	4	1	10	23	32	29	16	1	22	33	23	5	20	8	15	30	23	4
8;0–8;11	0	0	0	0	1	17	82	0	0	0	6	16	34	44	3	5	18	35	31	8	2	6	9	31	35	17
9;0–9;11	0	0	0	0	4	9	86	1	0	1	4	20	42	31	3	1	26	24	38	8	7	3	16	22	38	15
Gesamt	0	3	6	6	11	20	54	3	8	10	16	21	23	19	36	4	13	23	19	6	39	7	12	19	17	5

Anmerkungen: Aufsummierte Anteile ergeben aufgrund fehlender Werte nicht immer 100 %

Tab. 4.12 Anteilige Häufigkeiten der erreichten Rohwerte in den Komponenten 5–7 des ATEM 3-9 (alle Angaben in %)

Alters-	Komponente 5						Komponente 6						Komponente 7			
gruppe	0	1	2	3	4	5	0	1	2	3	4	5	0	1	2	3
3;0–3;5	94	4	2	0	0	0	94	2	4	0	0	0	47	41	10	2
3;6–3;11	94	0	3	0	0	0	94	1	1	0	0	0	42	39	16	0
4;0–4;5	77	13	6	2	0	0	79	6	6	3	0	0	23	47	23	6
4;6–4;11	77	10	4	4	1	3	68	14	14	1	1	0	29	28	26	17
5;0–5;5	53	27	10	6	1	0	62	22	10	2	0	0	17	35	28	17
5;6–5;11	47	24	19	5	3	1	51	22	26	1	0	0	18	36	28	18
6;0–6;5	38	26	17	18	0	1	33	35	25	7	1	0	9	19	36	36
6;6–6;11	30	27	10	25	3	6	25	41	30	4	0	0	4	18	41	37
7;0–7;11	23	20	22	22	10	4	25	32	37	5	0	0	9	24	32	35
8;0–8;11	10	11	22	27	20	8	10	21	59	6	1	0	3	18	41	36
9;0–9;11	11	14	19	24	20	12	11	24	45	19	1	0	8	24	31	36
Gesamt	45	17	14	14	7	4	46	22	27	5	0	0	17	29	30	24

Anmerkungen: Aufsummierte Anteile ergeben aufgrund fehlender Werte nicht immer 100 %

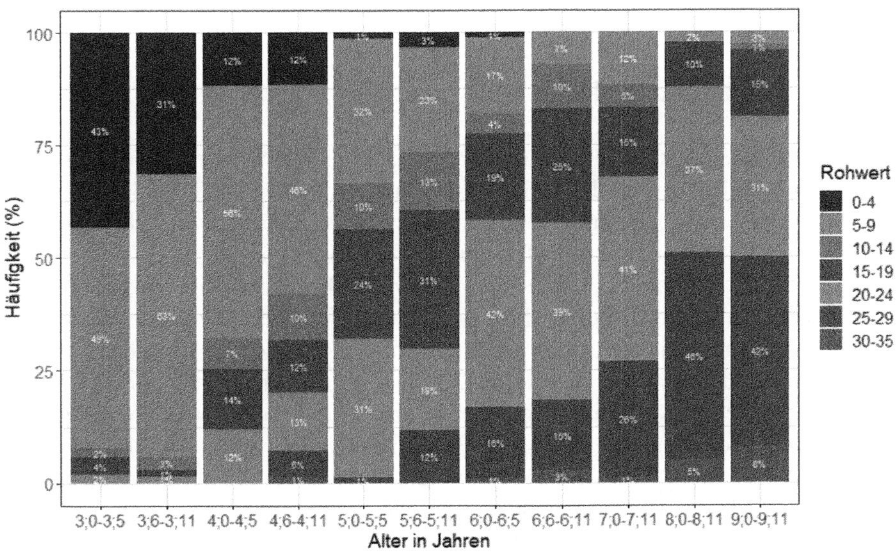

Abb. 4.1 Häufigkeitsverteilung des Gesamtrohwerts des ATEM 3-9 gruppiert nach Alter

4.4 Gruppenunterschiede in den Rohwerten

4.4.1 Geschlechtsunterschiede

Aufgrund der in der Literatur uneindeutigen Hinweise auf Geschlechtsunterschiede beim Emotionswissen von Kindern, wurden die durchschnittlich erreichten Rohwerte in den Komponenten und dem Gesamttest des ATEM 3-9 getrennt für Jungen und Mädchen und für jede der nun sieben Altersgruppen berechnet und mittels eines Mehrebenenmodells miteinander verglichen. Auch hier bildeten die Komponenten

1–7 die erste Ebene und die Kinder die zweite Ebene. Für den Gesamttestwert wurde abermals eine ANOVA mit der Interaktion des Alters und des Geschlechts der Kinder als Prädiktor für den Gesamttestwert berechnet. In Tab. 4.13, 4.14, 4.15, 4.16, 4.17, 4.18, 4.19, 4.20 sind die Mittelwerte der Geschlechts- und Altersgruppen für die einzelnen Komponenten und die Ergebnisse der Post-hoc Analyse abgebildet.

Lediglich in Komponente 2 und auf der Gesamttestebene wurden signifikante Unterschiede im Testwert zwischen Jungen und Mädchen gefunden. Dies jedoch nur für alle Altersgruppen insgesamt. Alle weiteren Unterschiede der geschlechtsspezifischen Testwerte stellten sich als statistisch nicht signifikant heraus. Dementsprechend werden keine geschlechtergetrennten Normtabellen zur Auswertung und Interpretation der Leistungen zur Verfügung gestellt. Es ist jedoch zu beachten, dass die Mädchen tendenziell eher höhere Punktwerte erzielten als die Jungen, in einigen Komponenten und in bestimmten Altersgruppen waren die Unterschiede mit über einem halben Punkt (über drei Punkten auf der Gesamttestebene) besonders deutlich und möglicherweise nur aufgrund der Korrektur für die große Anzahl von t-Tests nicht signifikant. Dies sollte bei der Interpretation der Testwerte beachtet werden, insbesondere, wenn die Werte bei Jungen in einem Bereich nahe der Grenze zwischen durchschnittlicher und über-/unterdurchschnittlicher Leistung liegen.

4.4.2 Mehrsprachigkeit

Mit 185 Kindern wuchsen 21 % der Normstichprobe mehrsprachig auf. Um die der Mehrsprachigkeit zugrunde liegenden Leistungsunterschiede aufzudecken, wurde ebenfalls ein Mehrebenenmodell berechnet, welches die Rohwerte der Komponenten 1–7 durch die Interaktion der Mehrsprachigkeit mit dem Alter der Kinder vorhersagte. Hierbei wurden erneut die Rohwerte in den Komponenten (Ebene 1) und die Komponenten in den Kindern (Ebene 2) getestet. Für den Gesamttestwert wurde eine ANOVA mit der Interaktion der Mehrsprachigkeit und des Alters der Kinder als Prädiktor für den Rohwert berechnet. Die durchschnittlich erreichten Rohwerte und die dazugehörigen Standardabweichungen sowie die Ergebnisse der Vergleiche der Werte zwischen den einsprachig deutsch und mehrsprachig aufwachsenden Kindern sind in Tab. 4.21, 4.22, 4.23, 4.24, 4.25, 4.26, 4.27, 4.28 abgebildet.

Lediglich in den Komponenten 3 (Wünsche) und 4 (Gemischte Emotionen) zeigten sich in der Gruppe der Siebenjährigen statistisch signifikante Unterschiede zwischen einsprachig deutsch und mehrsprachig aufwachsenden Kindern. Die teilweise sehr kleinen Teilstichproben und die Korrekturen für die vielen t-Tests können Gründe dafür sein, dass Mittelwertsunterschiede von teilweise über 0,75 Punkten in einzelnen Komponenten und Altersgruppen und von über drei Punkten in einzelnen Altersgruppen bei der Gesamttestwertbetrachtung (immer zugunsten der einsprachig aufwachsenden Kinder) statistisch nicht signifikant ausfielen. Da die Teilstichproben der mehrsprachig aufwachsenden Kinder jedoch zu klein sind, um für diese Gruppen eigene Normtabellen zu erstellen, stehen Normtabellen für ausschließlich einsprachig deutsch aufwachsende Kinder (Tab. A.9 bis A.169.8 im Anhang) und für die gemischten Gruppen von ein- und mehrsprachigen Kindern (Tab. A.91 bis A.168 im Anhang) zur Verfügung.

Tab. 4.13 Durchschnittlich erreichter Rohwert von Jungen und Mädchen in Komponente 1

	Gesamt	Jungen			Mädchen			
Altersgruppe in Jahren	N	N	M	SD	N	M	SD	Post-hoc Test (Diff.)
3;0–3;11	120	59	3,03	1,49	61	2,95	1,45	−0,08, $p = 1{,}00$
4;0–4;11	131	60	3,87	1,55	71	4,58	1,33	0,71, $p = 0{,}492$
5;0–5;11	175	76	5,14	1,12	99	5,42	0,96	0,28, $p = 1{,}00$
6;0–6;11	160	71	5,35	0,91	89	5,55	0,85	0,20, $p = 1{,}00$
7;0–7;11	79	37	5,38	0,86	42	5,83	0,49	0,50, $p = 1{,}00$
8;0–8,11	143	67	5,78	0,45	76	5,83	0,41	0,05, $p = 1{,}00$
9;0–9;11	74	40	5,78	0,53	34	5,88	0,41	0,10, $p = 1{,}00$
Gesamt	882	410	4,88	1,44	472	5,14	1,34	0,26, $p = 0{,}312$

Anmerkungen: M = Mittelwert, SD = Standardabweichung, Diff. = Differenz

Tab. 4.14 Durchschnittlich erreichter Rohwert von Jungen und Mädchen in Komponente 2

	Gesamt	Jungen			Mädchen			
Altersgruppe in Jahren	N	N	M	SD	N	M	SD	Post-hoc Test (Diff.)
3;0–3;11	120	59	1,97	1,27	61	1,97	1,44	0,00, $p = 1{,}00$
4;0–4;11	131	60	2,67	1,48	71	3,24	1,63	0,57, $p = 0{,}967$
5;0–5;11	175	76	3,45	1,42	99	3,95	1,38	0,50, $p = 0{,}962$
6;0–6;11	160	71	4,11	1,15	89	4,57	1,36	0,46, $p = 0{,}998$
7;0–7;11	79	37	4,24	1,53	42	4,93	1,09	0,69, $p = 0{,}990$
8;0–8,11	143	67	5,06	0,89	76	5,26	0,90	0,20, $p = 1{,}00$
9;0–9;11	74	40	4,78	1,23	34	5,09	0,83	0,31, $p = 1{,}00$
Gesamt	882	410	3,70	1,64	472	4,08	1,67	0,38, $p = 0{,}009$

Anmerkungen: M = Mittelwert, SD = Standardabweichung, Diff. = Differenz

Tab. 4.15 Durchschnittlich erreichter Rohwert von Jungen und Mädchen in Komponente 3

	Gesamt	Jungen			Mädchen			
Altersgruppe in Jahren	N	N	M	SD	N	M	SD	Post-hoc Test (Diff.)
3;0–3;11	119	58	0,14	0,74	61	0,20	0,85	0,06, $p = 1{,}00$
4;0–4;11	131	60	0,70	1,42	71	1,39	1,82	0,69, $p = 0{,}570$
5;0–5;11	175	76	1,57	1,74	99	2,14	1,67	0,58, $p = 0{,}719$
6;0–6;11	160	71	2,52	1,63	89	2,62	1,43	0,10, $p = 1{,}00$
7;0–7;11	79	37	2,35	1,62	42	2,81	1,21	0,46, $p = 1{,}00$
8;0–8,11	143	67	3,09	1,19	76	3,13	1,08	0,04, $p = 1{,}00$
9;0–9;11	74	40	3,17	1,24	34	3,18	0,97	0,01, $p = 1{,}00$
Gesamt	881	409	1,88	1,77	472	2,16	1,68	0,28, $p = 0{,}198$

Anmerkungen: M = Mittelwert, SD = Standardabweichung, Diff. = Differenz

Tab. 4.16 Durchschnittlich erreichter Rohwert von Jungen und Mädchen in Komponente 4

	Gesamt	Jungen			Mädchen			
Altersgruppe in Jahren	N	N	M	SD	N	M	SD	Post-hoc Test (Diff.)
3;0–3;11	119	58	0,14	0,61	61	0,07	0,51	0,07, $p = 1{,}00$
4;0–4;11	131	60	0,40	0,92	71	0,75	1,24	0,35, $p = 1{,}00$
5;0–5;11	173	76	1,32	1,59	97	1,67	1,46	0,36, $p = 1{,}00$
6;0–6;11	160	71	2,01	1,60	89	2,35	1,53	0,34, $p = 1{,}00$
7;0–7;11	79	37	2,22	1,62	42	2,55	1,43	0,33, $p = 1{,}00$
8;0–8,11	143	67	3,39	1,24	75	3,45	1,11	0,06, $p = 1{,}00$
9;0–9;11	74	40	3,10	1,46	34	3,44	1,19	0,34, $p = 1{,}00$
Gesamt	878	409	1,73	1,76	469	1,94	1,70	0,21, $p = 0{,}688$

Anmerkungen: M = Mittelwert, SD = Standardabweichung, Diff. = Differenz

Tab. 4.17 Durchschnittlich erreichter Rohwert von Jungen und Mädchen in Komponente 5

	Gesamt	Jungen			Mädchen			
Altersgruppe in Jahren	N	N	M	SD	N	M	SD	Post-hoc Test (Diff.)
3;0–3;11	118	57	0,07	0,37	61	0,07	0,31	0,00, $p = 1{,}00$
4;0–4;11	130	59	0,14	0,43	71	0,66	1,21	0,52, $p = 0{,}998$
5;0–5;11	173	76	0,64	0,96	97	1,02	1,15	0,38, $p = 1{,}00$
6;0–6;11	160	71	1,35	1,27	89	1,40	1,41	0,05, $p = 1{,}00$
7;0–7;11	79	37	1,73	1,61	42	2,00	1,29	0,27, $p = 1{,}00$
8;0–8,11	141	66	2,52	1,35	75	2,68	1,49	0,16, $p = 1{,}00$
9;0–9;11	74	40	2,25	1,51	34	3,15	1,40	0,90, $p = 0{,}659$
Gesamt	875	406	1,17	1,44	469	1,42	1,54	0,25, $p = 0{,}440$

Anmerkungen: M = Mittelwert, SD = Standardabweichung, Diff. = Differenz

Tab. 4.18 Durchschnittlich erreichter Rohwert von Jungen und Mädchen in Komponente 6

	Gesamt	Jungen			Mädchen			
Altersgruppe in Jahren	N	N	M	SD	N	M	SD	Post-hoc Test (Diff.)
3;0–3;11	118	57	0,05	0,29	61	0,08	0,38	−0,03, $p = 1{,}00$
4;0–4;11	128	59	0,34	0,78	69	0,51	0,88	0,17, $p = 1{,}00$
5;0–5;11	172	76	0,51	0,86	96	0,76	0,82	0,25, $p = 1{,}00$
6;0–6;11	160	71	1,17	1,07	89	1,06	0,77	−0,11, $p = 1{,}00$
7;0–7;11	78	37	1,16	0,96	41	1,27	0,84	0,11, $p = 1{,}00$
8;0–8,11	139	65	1,63	0,88	74	1,65	0,69	0,02, $p = 1{,}00$
9;0–9;11	74	40	1,57	1,01	34	1,97	0,80	0,40, $p = 1{,}00$
Gesamt	869	405	0,88	1,03	464	0,97	0,93	0,09, $p = 1{,}00$

Anmerkungen: M = Mittelwert, SD = Standardabweichung, Diff. = Differenz

Tab. 4.19 Durchschnittlich erreichter Rohwert von Jungen und Mädchen in Komponente 7

	Gesamt	Jungen			Mädchen			
Altersgruppe in Jahren	N	N	M	SD	N	M	SD	Post-hoc Test (Diff.)
3;0–3;11	118	57	0,58	0,65	61	0,82	0,79	0,24, $p = 1{,}00$
4;0–4;11	130	59	1,05	0,95	71	1,38	0,98	0,33, $p = 1{,}00$
5;0–5;11	173	76	1,32	1,00	97	1,58	0,97	0,26, $p = 1{,}00$
6;0–6;11	160	71	1,94	1,00	89	2,11	0,83	0,17, $p = 1{,}00$
7;0–7;11	79	37	1,65	1,03	42	2,19	0,86	0,54, $p = 1{,}00$
8;0–8,11	141	66	2,09	0,89	75	2,12	0,77	0,03, $p = 1{,}00$
9;0–9;11	74	40	1,85	1,03	34	2,09	0,90	0,24, $p = 1{,}00$
Gesamt	875	406	1,49	1,06	469	1,73	0,99	0,24, $p = 0{,}493$

Anmerkungen: M = Mittelwert, SD = Standardabweichung, Diff. = Differenz

Tab. 4.20 Durchschnittlich erreichter Rohwert von Jungen und Mädchen im Gesamttest

	Gesamt	Jungen			Mädchen			
Altersgruppe in Jahren	N	N	M	SD	N	M	SD	Post-hoc Test (Diff.)
3;0–3;11	118	57	5,74	3,4	61	6,15	3,76	0,41, $p = 1{,}00$
4;0–4;11	128	59	9,07	5,81	69	12,36	7,19	3,29, $p = 0{,}057$
5;0–5;11	172	76	13,95	6,66	96	16,47	6,03	2,52, $p = 0{,}165$
6;0–6;11	160	71	18,46	6,27	89	19,66	5,98	1,20, $p = 0{,}987$
7;0–7;11	78	37	18,73	7,37	41	21,63	4,90	2,90, $p = 0{,}426$
8;0–8,11	139	65	23,63	4,30	74	24,09	3,91	0,46, $p = 1{,}00$
9;0–9;11	74	40	22,50	5,78	34	24,79	4,01	2,29, $p = 0{,}905$
Gesamt	869	405	15,71	8,39	464	17,40	7,98	1,69, $p < 0{,}001$

Anmerkungen: M = Mittelwert, SD = Standardabweichung, Diff. = Differenz

Tab. 4.21 Durchschnittlich erreichter Rohwert von einsprachigen und mehrsprachigen Kindern in Komponente 1

	Gesamt	Einsprachig			Mehrsprachig			
Altersgruppe in Jahren	N	N	M	SD	N	M	SD	Post-hoc Test (Diff.)
3;0–3;11	120	99	3,00	1,45	21	2,95	1,56	−0,05, $p = 1{,}00$
4;0–4;11	131	110	4,39	1,38	21	3,52	1,72	−0,87, $p = 0{,}797$
5;0–5;11	175	124	5,36	0,94	51	5,16	1,24	−0,21, $p = 1{,}00$
6;0–6;11	160	132	5,47	0,86	28	5,43	1,00	−0,04, $p = 1{,}00$
7;0–7;11	79	53	5,75	0,55	26	5,35	0,94	−0,40, $p = 1{,}00$
8;0–8,11	143	121	5,84	0,39	22	5,59	0,59	−0,25, $p = 1{,}00$
9;0–9;11	74	58	5,81	0,48	16	5,88	0,50	0,07, $p = 1{,}00$
Gesamt	882	697	5,04	1,37	185	4,90	1,49	−0,14, $p = 0{,}996$

Anmerkungen: M = Mittelwert, SD = Standardabweichung, Diff. = Differenz

Tab. 4.22 Durchschnittlich erreichter Rohwert von einsprachigen und mehrsprachigen Kindern in Komponente 2

	Gesamt	Einsprachig			Mehrsprachig			
Altersgruppe in Jahren	N	N	M	SD	N	M	SD	Post-hoc Test (Diff.)
3;0–3;11	120	99	1,92	1,31	21	2,19	1,57	0,27, $p = 1{,}00$
4;0–4;11	131	110	3,02	1,60	21	2,76	1,48	−0,26, $p = 1{,}00$
5;0–5;11	175	124	3,88	1,38	51	3,37	1,44	−0,51, $p = 0{,}992$
6;0–6;11	160	132	4,48	1,25	28	3,86	1,35	−0,62, $p = 0{,}995$
7;0–7;11	79	53	4,92	1,21	26	3,96	1,43	−0,94, $p = 0{,}626$
8;0–8,11	143	121	5,22	0,87	22	4,86	0,99	−0,34, $p = 1{,}00$
9;0–9;11	74	58	5,00	0,92	16	4,62	1,50	−0,38, $p = 1{,}00$
Gesamt	882	697	3,98	1,68	185	3,61	1,59	−0,37, $p = 0{,}145$

Anmerkungen: M = Mittelwert, SD = Standardabweichung, Diff. = Differenz

Tab. 4.23 Durchschnittlich erreichter Rohwert von einsprachigen und mehrsprachigen Kindern in Komponente 3

	Gesamt	Einsprachig			Mehrsprachig			
Altersgruppe in Jahren	N	N	M	SD	N	M	SD	Post-hoc Test (Diff.)
3;0–3;11	119	98	0,11	0,61	21	0,43	1,36	0,30, $p = 1{,}00$
4;0–4;11	131	110	1,14	1,73	21	0,76	1,41	−0,37, $p = 1{,}00$
5;0–5;11	175	124	2,06	1,76	51	1,47	1,54	−0,59, $p = 0{,}841$
6;0–6;11	160	132	2,67	1,45	28	2,14	1,76	−0,52, $p = 1{,}00$
7;0–7;11	79	53	3,02	1,22	26	1,73	1,46	−1,28, $p = 0{,}019$
8;0–8,11	143	121	3,17	1,11	22	2,82	1,22	−0,35, $p = 1{,}00$
9;0–9;11	74	58	3,17	1,01	16	3,19	1,47	0,02, $p = 1{,}00$
Gesamt	881	696	2,11	1,73	185	1,71	1,68	−0,40, $p = 0{,}130$

Anmerkungen: M = Mittelwert, SD = Standardabweichung, Diff. = Differenz

Tab. 4.24 Durchschnittlich erreichter Rohwert von einsprachigen und mehrsprachigen Kindern in Komponente 4

	Gesamt	Einsprachig			Mehrsprachig			
Altersgruppe in Jahren	N	N	M	SD	N	M	SD	Post-hoc Test (Diff.)
3;0–3;11	119	98	0,09	0,54	21	0,14	0,65	0,05, $p = 1{,}00$
4;0–4;11	131	110	0,63	1,16	21	0,38	0,86	−0,25, $p = 1{,}00$
5;0–5;11	173	123	1,74	1,57	50	0,96	1,26	−0,78, $p = 0{,}141$
6;0–6;11	160	132	2,30	1,54	28	1,75	1,62	−0,55, $p = 1{,}00$
7;0–7;11	79	53	2,83	1,31	26	1,50	1,56	−1,33, $p = 0{,}006$
8;0–8,11	143	120	3,52	1,05	22	2,91	1,60	−0,61, $p = 1{,}00$
9;0–9;11	74	58	3,29	1,28	16	3,12	1,59	−0,17, $p = 1{,}00$
Gesamt	878	694	1,96	1,74	184	1,42	1,64	−0,54, $p < 0{,}001$

Anmerkungen: M = Mittelwert, SD = Standardabweichung, Diff. = Differenz

Tab. 4.25 Durchschnittlich erreichter Rohwert von einsprachigen und mehrsprachigen Kindern in Komponente 5

	Gesamt	Einsprachig			Mehrsprachig			
Altersgruppe in Jahren	N	N	M	SD	N	M	SD	Post-hoc Test (Diff.)
3;0–3;11	118	97	0,06	0,32	21	0,10	0,44	−0,04, $p = 1,00$
4;0–4;11	130	109	0,41	0,96	21	0,48	1,03	0,07, $p = 1,00$
5;0–5;11	173	123	0,90	1,13	50	0,74	0,96	−0,16, $p = 1,00$
6;0–6;11	160	132	1,47	1,38	28	0,96	1,10	−0,51, $p = 1,00$
7;0–7;11	79	53	2,23	1,46	26	1,15	1,12	−1,08, $p = 0,173$
8;0–8,11	141	120	2,70	1,38	21	2,05	1,56	−0,65, $p = 0,886$
9;0–9;11	73	58	2,74	1,55	16	2,38	1,41	−0,42, $p = 1,00$
Gesamt	875	692	1,38	1,54	183	1,02	1,27	−0,36, $p = 0,155$

Anmerkungen: M = Mittelwert, SD = Standardabweichung, Diff. = Differenz

Tab. 4.26 Durchschnittlich erreichter Rohwert von einsprachigen und mehrsprachigen Kindern in Komponente 6

	Gesamt	Einsprachig			Mehrsprachig			
Altersgruppe in Jahren	N	N	M	SD	N	M	SD	Post-hoc Test (Diff.)
3;0–3;11	118	97	0,06	0,35	21	0,10	0,30	0,00, $p = 1,00$
4;0–4;11	128	108	0,43	0,81	20	0,45	1,00	0,02, $p = 1,00$
5;0–5;11	172	122	0,72	0,86	50	0,48	0,76	−0,24, $p = 1,00$
6;0–6;11	160	132	1,17	0,93	28	0,82	0,82	−0,35, $p = 1,00$
7;0–7;11	79	52	1,44	0,83	26	0,77	0,86	−0,67, $p = 0,999$
8;0–8,11	139	119	1,70	0,74	20	1,30	0,92	−0,40, $p = 1,00$
9;0–9;11	74	58	1,76	0,9	16	1,75	1,06	−0,01, $p = 1,00$
Gesamt	869	688	0,98	0,99	181	0,73	0,93	−0,25, $p = 0,790$

Anmerkungen: M = Mittelwert, SD = Standardabweichung, Diff. = Differenz

Tab. 4.27 Durchschnittlich erreichter Rohwert von einsprachigen und mehrsprachigen Kindern in Komponente 7

	Gesamt	Einsprachig			Mehrsprachig			
Altersgruppe in Jahren	N	N	M	SD	N	M	SD	Post-hoc Test (Diff.)
3;0–3;11	118	97	0,70	0,75	21	0,71	0,64	0,01, $p = 1,00$
4;0–4;11	130	109	1,30	1,00	21	0,86	0,73	−0,44, $p = 1,00$
5;0–5;11	173	123	1,55	1,00	50	1,24	0,92	−0,31, $p = 1,00$
6;0–6;11	160	132	2,14	0,88	28	1,57	0,92	−0,57, $p = 1,00$
7;0–7;11	79	53	2,00	0,94	26	1,81	1,06	−0,19, $p = 1,00$
8;0–8,11	141	120	2,10	0,80	21	2,14	0,96	0,04, $p = 1,00$
9;0–9;11	74	58	1,98	0,96	16	1,88	1,02	−0,10, $p = 1,00$
Gesamt	875	692	1,67	1,03	183	1,43	1,00	−0,24, $p = 0,811$

Anmerkungen: M = Mittelwert, SD = Standardabweichung, Diff. = Differenz

Tab. 4.28 Durchschnittlich erreichter Rohwert von einsprachigen und mehrsprachigen Kindern im Gesamttest

	Gesamt	Einsprachig			Mehrsprachig			
Altersgruppe in Jahren	N	N	M	SD	N	M	SD	Post-hoc Test (Diff.)
3;0–3;11	118	97	5,80	3,26	21	6,62	4,85	−0,82, $p = 1{,}00$
4;0–4;11	128	108	11,25	6,86	20	8,65	5,97	2,60, $p = 0{,}809$
5;0–5;11	172	122	16,17	6,44	50	13,36	5,98	2,81, $p = 0{,}131$
6;0–6;11	160	132	19,68	5,91	28	16,54	6,56	3,15, $p = 0{,}262$
7;0–7;11	78	52	22,25	5,31	26	16,27	6,38	5,98, $p = 0{,}001$
8;0–8,11	139	119	24,23	3,69	20	21,80	5,59	2,53, $p = 0{,}871$
9;0–9;11	74	58	23,76	4,75	16	22,81	6,50	0,95, $p = 0{,}999$
Gesamt	869	688	17,10	8,27	181	14,73	7,72	2,37, $p < 0{,}001$

Anmerkungen: M = Mittelwert, SD = Standardabweichung, Diff. = Differenz

Validität des ATEM 3-9

5

Im Rahmen der Erhebung der Normstichprobe des ATEM 3-9 wurden bei Substichproben zusätzlich der rezeptive Wortschatz und das Satzverständnis sowie die behaviorale Selbstregulation untersucht, da diese mit dem Emotionswissen im Zusammenhang stehen (siehe Abschn. 1.2). Zudem wurde der ATEM 3-9 zusätzlich von einer Stichprobe von N = 55 Kindern durchgeführt, bei denen eine psychische Störung im Sinne des ICD-10 vorlag. Zusätzlich werden Zusammenhänge früherer Versionen des ATEM 3-9 mit verschiedenen Konstrukten berichtet, die im Rahmen des BISS-Projektes Fühlen Denken Sprechen (FDS; Salisch et al. 2021) bei Kindergartenkindern erhoben wurden. In dieser Untersuchung wurden die finalen 32 Items der Komponenten 1–6 und der daraus resultierende Gesamttestwert ausgewertet.

5.1 Zusammenhänge mit weiteren Instrumenten zur Erfassung des Emotionswissens

Im Rahmen der FDS-Untersuchung wurde bei den drei- bis fünfjährigen Kindern das Emotionswissen mit einer verkürzten Version der Skala zur Erfassung des Emotionswissens (SEW, Janke 2006; für eine Beschreibung siehe Abschn. 1.5) erhoben. Dabei wurde lediglich die Komponente moralische Emotionen ausgelassen. Die Korrelationen der einzelnen Komponenten des ATEM 3-9 mit den hierarchischen Komponenten der SEW sind in Tab. 5.1 abgebildet. Die mittlere Korrelation des SEW-Gesamttestwerts mit dem Gesamttestwert des ATEM 3-9 zeigt neben einer gewissen Überlappung der Inhalte auch, dass der ATEM 3-9 nicht genau das gleiche Konstrukt des Emotionswissens erfasst wie die SEW. Angesichts der sich nur teilweise überlappenden Komponenten des ATEM 3-9 und der SEW entspricht dies den Erwartungen. Die hierarchische Komponente external der SEW korrelierte am höchsten mit den inhaltsähnlichen Komponenten Emotionen Erkennen und Situationen des ATEM 3-9. Die hierarchische Komponente mental, die aus den SEW-Komponenten Wünsche, Emotionale Perspektivübernahme und Verbergen von Emotionen zusammengesetzt ist, korrelierte signifikant mit der Komponente

K. Voltmer, M. von Salisch, *ATEM 3-9 Adaptiver Test des Emotionswissens*, SpringerTests, https://doi.org/10.1007/978-3-662-59358-5_5

Tab. 5.1 Pearson Korrelationen zwischen den hierarchischen Komponenten der SEW und dem ATEM 3-9 in der FDS-Untersuchung, kontrolliert für Alter (in Monaten) und Geschlecht

	Komponente des ATEM 3-9							
Hierarchische Komponente der SEW	1	2	3	4	5	6	7	G*
External	0,41	0,45	0,36	0,27	0,27	0,22	–	0,50
Mental	0,04	0,13	0,09	0,03	0,11	0,15	–	0,12
Reflexiv	0,04	−0,05	0,05	0,09	0,15	0,04	–	0,05
Gesamttestwert	0,31	0,36	0,32	0,24	0,30	0,24	–	0,42

Anmerkungen. Alle Korrelationen $r \geq 0{,}15$ sind signifikant mit $p < 0{,}05$; G = Gesamttestwert; N = 192;

*Der Gesamttestwert setzt sich bei der FDS-Stichprobe aus den Summen der Komponenten 1–6 zusammen

Ausdrucksregeln des ATEM 3-9. Aus der hierarchischen Komponente reflexiv der SEW (Emotionsregulationsstrategien und Gemischte Emotionen bei der verkürzten Version der SEW) enthielt der ATEM 3-9 in der FDS-Untersuchung nur die Komponente Gemischte Emotionen. Die einzige signifikante Korrelation der hierarchischen Komponenten war jedoch die mit der Komponente Überzeugungen des ATEM 3-9.

In der FDS-Untersuchung wurde zudem das Erkennen von Emotionen in Gesichtern mit dem Untertest Emotionen Erkennen der Intelligence and Development Scale – P (IDS-P; Grob et al. 2013) erfasst. Die Korrelation zwischen der Komponente Emotionen Erkennen des ATEM 3-9 und dem Untertest Emotionen Erkennen der IDS-P lag in der Untersuchung bei $r(246) = 0{,}42$, $p < 0{,}001$.

Insgesamt zeigten sich nach Cohens Konvention (Cohen 1988) also mittlere Zusammenhänge des ATEM 3-9 mit bereits vorhandenen Instrumenten zur Erfassung des Emotionswissens, welche auf eine Überlappung, jedoch nicht auf eine vollkommene Übereinstimmung der gemessenen Konstrukte hinweisen. Besonders zu beachten ist dabei, dass die FDS-Stichprobe ausschließlich aus Kindern im Alter zwischen drei und fünf Jahren bestand und die Zusammenhänge somit nur für diese sehr junge Altersgruppe zu interpretieren sind.

5.2 Zusammenhänge mit sprachlichen Fähigkeiten

Zur Überprüfung der konvergenten Kriteriumsvalidität wurde bei einem Teil der Normstichprobe zusätzlich zum ATEM 3-9 das Satzverständnis mit dem Untertest Verstehen von Sätzen (VS) des Sprachentwicklungstests für drei- bis fünfjährige Kinder (SETK 3-5; Grimm 2015) überprüft. Das Satzverständnis vereint sowohl lexikalische als auch semantische Fähigkeiten. Bei einem weiteren Teil der Kinder wurde der rezeptive Wortschatz mit dem Peabody Picture Vocabulary Test-4 (PPVT-4; Dunn und Dunn 2007, deutsch von Lenhard et al. 2015) erfasst. Hier sollen die Kinder Bilder zu vorgegebenen Wörtern erkennen, eine Benennung ist nicht nötig. In der FDS-Untersuchung wurde ebenfalls der SETK-VS und der PPVT-4 und zusätzlich der Aktive Wortschatz Test-R (AWST-R, Kiese-Himmel 2005)

Tab. 5.2 Pearson Korrelationen zwischen den sprachlichen Fähigkeiten und dem ATEM 3-9 kontrolliert für Alter (in Monaten) und Geschlecht

		Komponente des ATEM 3-9							
Verfahren	Stichprobe	1	2	3	4	5	6	7	G*
SETK – VS	Normstichprobe: N = 160 (3-6 J.)	0,28	0,48	0,37	0,40	0,34	0,36	0,37	0,49
	FDS-Stichprobe: N = 186 (3-5 J.)	0,43	0,49	0,39	0,26	0,23	0,25	-	0,52
PPVT-4	Normstichprobe: N = 48 (6-9 J.)	0,19	0,33	0,39	0,24	0,33	0,30	–0,05	0,44
	FDS-Stichprobe: N = 179 (3-5 J.)	0,60	0,49	0,39	0,27	0,26	0,22	-	0,58
AWST-R	FDS-Stichprobe: N = 119 (3-5 J.)	0,58	0,42	0,51	0,31	0,22	0,31	-	0,60

Anmerkungen. Alle Korrelationen $r < 0{,}10$ sind signifikant mit $p < 0{,}05$; G = Gesamttestwert; *Der Gesamttestwert setzt sich bei der FDS-Stichprobe aus den Summen der Komponenten 1–6 zusammen

eingesetzt. Bei dem AWST-R müssen Bilder von Nomen und Verben benannt werden. Die Korrelationen zwischen den sprachlichen Fähigkeiten und den einzelnen Komponenten des ATEM 3-9 und dem Gesamttestwert wurden für das Alter und das Geschlecht der Kinder kontrolliert und sind in Tab. 5.2 abgebildet.

Die Zusammenhänge zwischen dem SETK-VS (aus beiden Stichproben) und dem ATEM 3-9 lagen für alle Komponenten und den Gesamttest im mittleren Bereich. Dies entspricht früheren Forschungsergebnissen und könnte auf den hohen Textanteil bei den Items des ATEM 3-9 zurückzuführen sein. Für den PPVT-4 zeigte sich bei den älteren Kindern der Normstichprobe ein eher geringer Zusammenhang mit der ersten Komponente des ATEM 3-9 und mittlere Zusammenhänge mit den weiteren Komponenten. Demgegenüber waren die Zusammenhänge bei der jüngeren Stichprobe für die erste Komponente am höchsten. Sie fielen dann mit den weiteren Komponenten ab. Für den ASWT-R zeigte sich ein ähnliches Bild. Für den Gesamttestwert lagen alle Korrelationen in einem ähnlichen Bereich.

5.3 Zusammenhänge mit exekutiven Funktionen

Sowohl in der FDS-Untersuchung als auch bei Teilen der Normstichprobe wurden die exekutiven Funktionen in Form der behavioralen Selbstregulation mit dem Head Toes Knees Shoulders Task (HTKS, Ponitz et al. 2008) erfasst. Die für das Alter (in Monaten) und das Geschlecht korrigierten Zusammenhänge mit dem ATEM 3-9 bzw. mit der Vorgängerversion in der FDS-Untersuchung sind in Tab. 5.3 zu finden. Die Korrelationen fielen hier nach Cohens Konvention in den kleinen bis mittleren Bereich. Sie waren für die FDS-Stichprobe etwas höher. Dies könnte daran liegen, dass der ATEM 3-9 in dieser Untersuchung noch eine größere Anzahl an Items beinhaltete, die die exekutiven Funktionen der Kinder mehr gefordert haben. Dabei erreichten möglicherweise nur die Kinder höhere Punktzahlen, deren exekutive Funktionen weiter ausgereift waren.

Tab. 5.3 Pearson Korrelationen zwischen den exekutiven Funktionen und dem ATEM 3-9, kontrolliert für Alter (in Monaten) und Geschlecht

Verfahren	Stichprobe	Komponente des ATEM 3-9							
		1	2	3	4	5	6	7	G*
HTKS	Normstichprobe: N = 220 (3-6 J.)	0,15	0,21	0,13	0,18	0,14	0,19	0,25	0,24
	FDS-Stichprobe: N = 162 (3-5 J.)	0,30	0,23	0,24	0,21	0,22	0,22	-	0,33

Anmerkungen. Alle Korrelationen sind signifikant mit p <0,05; G = Gesamttestwert;
*Der Gesamttestwert setzt sich bei der FDS-Stichprobe aus den Summen der Komponenten 1–6 zusammen

5.4 Emotionswissen bei Kindern mit einer psychischen Störung

Zusätzlich zur Normstichprobe wurde eine Stichprobe (N = 55) von Kindern im Alter zwischen sechs und neun Jahren erhoben, bei welchen mittels testpsychologischer Diagnostik in der Kinder- und Jugendpsychiatrie und -psychotherapie (KJPP) mindestens eine psychische Störung diagnostiziert worden war. Dabei wiesen 44 % der Kinder eine internalisierende Störung und 25 % der Kinder eine externalisierende Störung auf. Achtzehn Prozent der Kinder wiesen eine gemischte Störung auf, während weiteren 13 % sonstige Störungen diagnostiziert wurden. In einem Matchingverfahren (nearest neighbor matching; Caliendo und Kopeinig, 2008) wurden jedem Kind aus dieser Gruppe maximal drei Kinder aus der Normstichprobe gegenübergestellt. Die Gruppen unterschieden sich im Mittel weder im Alter noch in der Geschlechterzusammensetzung noch bezüglich der Mehrsprachigkeit. Die Gruppengrößen unterschieden sich aufgrund fehlender Werte je nach untersuchter Komponente des ATEM 3-9. Es wurde dann untersucht, ob sich die Leistungen im ATEM 3-9 zwischen den Gruppen unterschieden. Aufgrund der geringen Gruppengröße seitens der KJPP-Gruppe und da es sich nur um Kinder im Alter zwischen sechs und neun Jahren handelte, wurde dabei nicht zwischen den Altersgruppen unterschieden. In Tab. 5.4 sind die Mittelwerte mit Standardabweichungen und die Ergebnisse der vergleichenden t-Tests abgebildet.

Es zeigten sich signifikante Leistungsunterschiede zugunsten der Kinder aus der Normstichprobe bei den Komponenten Emotionen Erkennen, Gemischte Emotionen, Überzeugungen und Ausdrucksregeln. Dies führte zu einem signifikanten Unterschied der beiden Gruppen im Gesamttestwert. Die Ergebnisse stehen im Einklang mit der bisherigen Forschung zum Emotionswissen bei Kindern mit internalisierenden und externalisierenden Störungen und Verhaltensauffälligkeiten (siehe Abschn. 1.2.4).

Tab. 5.4 Die Leistungen von Kindern mit psychischer Störung im ATEM 3-9 im Vergleich mit einer gematchten Teilstichprobe der Normstichprobe

	Normstichprobe			KJPP			
Komponente	N	M	SD	N	M	SD	t-Test
Emotionen Erkennen	148	5,76	0,55	54	5,50	0,86	t = 2,04, p = 0,045
Situationen	149	4,96	1,16	54	4,98	1,19	t = −0,12, p = 0,901
Wünsche	147	3,12	1,28	54	2,83	1,50	t = 1,23, p = 0,223
Gemischte Emotionen	144	3,14	1,33	52	2,60	1,64	t = 2,18, p = 0,033
Überzeugungen	144	2,50	1,51	52	1,94	1,41	t = 2,40, p = 0,018
Ausdrucksregeln	125	1,73	0,76	46	1,24	1,02	t = 2,98, p = 0,004
Emotionsregulationsstrategien	139	2,18	0,88	50	2,14	1,05	t = 0,24, p = 0,998
Gesamttest	125	23,65	5,50	46	20,91	6,86	t = 2,51, p = 0,015

Anmerkungen: M = Mittelwert, SD = Standardabweichung; KJPP: Kinder- und Jugendpsychiatrie und -psychotherapie

Insgesamt zeigen die Ergebnisse der Korrelationsanalysen, dass die Werte des ATEM 3-9 und seiner Komponenten in die erwartete Richtung und im erwarteten Ausmaß mit ähnlichen und verwandten Konstrukten korrelieren. Dies deutet auf eine ausreichende konvergente Validität hin. Zudem liegen mit den Unterschieden zwischen Kindern der Normstichprobe und Kindern mit psychischen Störungen Hinweise auf die differenzielle Validität des ATEM 3-9 vor.

6 Anwendung des ATEM 3-9

6.1 Indikationsmerkmale

Der ATEM 3-9 ist für die Durchführung mit Kindern im Alter zwischen drei und neun Jahren entwickelt worden und für ebendiese Altersgruppen normiert. Nichtsdestotrotz zeigten sich bei neunjährigen Kindern keine Deckeneffekte. Deshalb ist eine Anwendung bei älteren Kindern vorstellbar. Da der ATEM 3-9 ein altersgemäß entwickeltes Sprachverständnis voraussetzt, sollte er nicht mit Kindern mit einer bekannten Sprachentwicklungsstörung durchgeführt werden und nicht bei Kindern unter drei Jahren. Das Mindestalter beruht auf den Anforderungen des ATEM 3-9 an das Arbeitsgedächtnis und die Aufmerksamkeitsspanne, die bei jüngeren Kindern noch nicht weit genug ausgereift sind. Die allgemeine kognitive Leistungsfähigkeit muss ausreichen, um die Geschichte zu verstehen.

6.2 Anwendungsfelder

Der ATEM 3-9 wurde entwickelt, um das Emotionswissen von Kindern unter entwicklungspsychologischen und entwicklungspsychopathologischen Aspekten zu betrachten. Daher eignet sich der ATEM 3-9 besonders zur Feststellung des aktuellen Standes der verschiedenen Komponenten des Emotionswissens in einem Profil, das weit entwickelte und weniger weit entwickelte Bereiche des Emotionswissens verdeutlicht, die bei der Erstellung eines Ressourcenprofils hilfreich sein können. Gut geeignet ist der ATEM 3-9 zudem zur Verlaufskontrolle des Emotionswissens, z. B. nach Interventions- oder Präventionsprogrammen oder nach einer Psychotherapie. Die sozialen Aspekte des Konstruktes machen eine Erfassung des Emotionswissens besonders bei bestimmten psychischen Störungen bei Kindern (Aufmerksamkeits Defizit (Hyperaktivitäts) Störung, Störungen des autistischen Spektrums, Störung des Sozialverhaltens, affektive Störungen etc.) sowie bei Entwicklungsverzögerungen im Bereich der emotionalen Kompetenzen interessant. Durch die erwiesenen Zusammenhänge des Emotionswissens mit den akademi-

K. Voltmer, M. von Salisch, *ATEM 3-9 Adaptiver Test des Emotionswissens*,
SpringerTests, https://doi.org/10.1007/978-3-662-59358-5_6

schen Fähigkeiten ist eine Anwendung in der pädagogisch-psychologischen Forschung und Praxis ebenfalls denkbar.

6.3 Durchführung

6.3.1 Durchführung der Papierversion des ATEM 3-9

In der Papierversion ist der ATEM 3-9 immer im Einzelkontakt mit einem Kind durchzuführen. Alle Instruktionen zur Durchführung sind auf den ersten Seiten des Testheftes abgedruckt, ebenso die Sprung- und Abbruchregeln und die einleitenden Worte der Testleitung an das Kind. Vor der Durchführung sollte sich die Testleitung sehr genau mit diesen Instruktionen auseinandersetzen, um einen störungsfreien und damit stressfreien Ablauf der Testung zu ermöglichen. Dies betrifft im besonderen Maße die Anwendung der Sprung- und Abbruchregeln des Tests.

Über die im Testheft abgedruckten Instruktionen hinaus, muss Folgendes beachtet werden: Die Testleitung sollte mit dem Umgang mit Kindern vertraut sein und dem Kind seine Freude über die „Bilderbuchbetrachtung" vermitteln. Es ist davon abzuraten zu erwähnen, dass es sich um einen Test handelt, bei dem man etwas falsch machen kann. Die Testleitung muss darüber hinaus natürlich in der Lage sein, Texte sicher und verständlich vorzulesen. Dem Kind sollte vor der Durchführung des Tests vermittelt werden, dass es jederzeit Fragen stellen darf, wenn es etwas nicht verstanden hat. Bei sehr schüchternen Kindern kann es von Vorteil sein zu erwähnen, dass das Kind nicht selbst sprechen muss, sondern lediglich etwas zeigen soll.

Vor und während der Durchführung des Tests ist ein Protokollbogen für die Sitzung auszufüllen, der neben den Antworten mindestens Informationen über den Namen des Kindes (im Falle einer Erhebung im Rahmen psychologischer Forschung kann stattdessen der Code eingetragen werden), das Geschlecht, das Alter und die Mehrsprachigkeit erfasst, damit im Anschluss an die Testung die Auswertung und Interpretation erfolgen kann. Die Durchführung sollte, wenn möglich, so vonstattengehen, dass es für die Kinder weniger eine Testsituation, als eine Bilderbuchbetrachtung ist. Dies gilt insbesondere, wenn die Kinder noch sehr jung sind. Wenn ein Kind fragt, warum die Antworten protokolliert werden, kann eine mögliche Antwort sein:

> „Ich möchte mir gerne aufschreiben, was Du mir sagst oder zeigst, damit ich es nicht vergesse."

Für die Durchführung des Tests hat es sich bewährt, dass Testleitung und Kind nebeneinander an einem Tisch sitzen, das Kind auf der rechten Seite, weil auf der rechten Seite des Testheftes die Bilder abgedruckt sind. Das Testheft liegt dabei auf dem Tisch und der Protokollbogen kann mit einer festen Unterlage (z. B. einem Klemmbrett) in der Hand gehalten werden.

Es liegen geschlechtsspezifische Versionen des ATEM 3-9 vor, in dem die Protagonisten etwas unterschiedlich aussehen und unterschiedliche Namen haben. Die

Gesichtsausdrücke, auf die die Kinder zeigen sollen, sind jedoch identisch. Es ist ratsam, dass sich die Testleitung vor der Durchführung des Tests auch mit den Protagonisten der Geschichte und den emotionalen Gesichtsausdrücken vertraut macht. Dazu sind auf der ersten Seite des Testhefts ebendiese mit den zugehörigen Emotionen abgedruckt. Nach der Wahl des richtigen Testheftes wird die Testung mit den folgenden, ebenfalls auf den ersten Seiten des Testheftes abgedruckten, Worten eingeleitet:

> „Ich möchte gerne heute mit Dir eine Geschichte anschauen. Es geht um zwei Kinder, die zusammen in den Zoo fahren. Die Kinder heißen Tim/ Lene und Ali/ Selma. Während wir die Geschichte ansehen, frage ich Dich immer wieder, wie sich Tim/ Lene und Ali/ Selma fühlen."

Daraufhin wird mit der Bearbeitung des Testheftes begonnen. Alle Auffälligkeiten und Besonderheiten, die während der Bearbeitung auftreten, sollten auf dem Protokollbogen vermerkt und hinterher ggf. berücksichtigt werden.

Auf dem Protokollbogen wird für jedes Item vermerkt, welche Antwort das Kind gegeben hat, bzw. auf welche Emotion es gezeigt hat.

Für die Bearbeitung des Testheftes ist kein Zeitlimit vorgegeben. In der Regel dauert die Bearbeitung bei Kindern im Vorschulalter zwischen 10 und 20 Minuten, da sie den Test häufig nach der zweiten Komponente beenden. Schulkinder benötigen für die Durchführung in der Regel zwischen 20 und 30 Minuten. Grundsätzlich ist eine Unterbrechung der Bearbeitung möglich, auch über mehrere Stunden oder Tage hinweg. Gründe dafür könnten sein, dass nicht genügend Zeit zur Verfügung steht, Kinder nach einiger Zeit ihre Aufmerksamkeit nicht mehr aufrechterhalten können oder den Spaß an der Geschichte verlieren und die Bearbeitung verweigern. Unterbrechungen, ihre Gründe und ihr Zeitpunkt sollten jedoch immer protokolliert werden und bei der Interpretation der Ergebnisse Beachtung finden.

6.3.2 Durchführung des ATEM 3-9 mit dem Springer Testsystem

Folgende Anforderungen an ein Tablet oder einen Computer müssen erfüllt sein, damit der ATEM 3-9 mit dem Springer Testsystem durchgeführt werden kann:

- Ein HTML5 fähiger Browser muss auf dem Gerät installiert sein (z. B. aktuelle Version von Firefox, Chrome, Safari oder Edge)
- Eine Möglichkeit zur Tonausgabe (z. B. Boxen oder Kopfhörer) muss gegeben sein
- Es wird eine Internet-Bandbreite von mind. 2 Mbit/s benötigt, um ein ausreichend schnelles Laden der Bilder und Tondateien zu gewährleisten

Die Durchführung des ATEM 3-9 in der digitalen Form ist für die Testleitung ungleich komfortabler als die Durchführung der Papierversion, da die Protokollierung der Antworten des Kindes, sowie die Anwendung der Sprung- und Abbruchregeln und auch das Vorlesen der Texte automatisch vorgenommen werden. Dennoch ist auch hier darauf zu achten, dass der Rahmen für die Kinder so gesetzt wird, dass es sich um eine stressfreie „Bilderbuchbetrachtung" und nicht um eine Testsituation handelt. Ebenso sollte den Kindern verständlich gemacht werden, dass sie jederzeit Fragen stellen dürfen.

Vor der Durchführung des ATEM 3-9 auf dem Tablet/Computer sollten auch hier Informationen zum Kind erfasst werden. Das Geschlecht wird benötigt, um die passende Version der Geschichte vorzugeben und das Alter wird zur Auswertung der Ergebnisse benötigt. Darüber hinaus kann ein Personencode des Kindes vergeben werden und erfasst werden, welche Sprachen das Kind neben der deutschen Sprache spricht. Außerdem wird nach zwei häuslichen Besitztümern gefragt. Diese Informationen sind nach Beendigung des Tests zur Auswertung verfügbar.

Auch wenn bei der digitalen Version die Geschichte nicht mehr selbst vorgelesen werden muss, empfiehlt sich die Durchführung bei Vorschulkindern im Einzelsetting. Diese haben mit der Handhabung von Tablets/Computern möglicherweise wenig bis gar keine Erfahrung und benötigen daher eine enge Betreuung. Bei Schulkindern ist eine Anwendung in Kleingruppen möglich, sofern alle Kinder mit der Handhabung von Tablets/Computern -insbesondere mit der Bedienung der Maus- vertraut sind und Kopfhörer an die Geräte angeschlossen sind, damit niemand durch die Audioausgabe eines anderen Geräts gestört wird. Nichtsdestotrotz sollte eine mit der Handhabung des Programms vertraute Betreuungsperson immer anwesend sein, auch um technische Fragen zu klären.

Zu Beginn des Tests wird den Kindern die Durchführung genau erklärt. Alle Instruktionen können sich so oft angehört werden, wie benötigt. Auch während des Tests können die Kinder sich die Texte wiederholt vorlesen lassen.

Im Anschluss an die Testung werden die Ergebnisse in Form einer Tabelle im Springer Testsystem gespeichert und ein Ergebnisprofil mit Interpretation erstellt.

6.4 Auswertung

Die Auswertung des ATEM 3-9 kann sowohl auf der Gesamttestebene als auch auf der Komponentenebene stattfinden. Jedes richtig beantwortete Item wird mit einem Punkt bewertet. Jedes nicht bearbeitete Item (bei Sprung- und Abbruchregeln) und jedes falsch beantwortete Item wird mit 0 bewertet. Die Anzahl der richtig beantworteten Items wird für jede Komponente und für den Gesamttest addiert und auf dem Protokollbogen eingetragen. Auf der Gesamttestebene können so maximal 35 Punkte erzielt werden. In der ersten und zweiten Komponente können jeweils bis zu sechs Punkte, in den Komponenten 3 bis 6 jeweils fünf Punkte und in der Komponente 7 drei Punkte erzielt werden. Diese Rohwerte können auf den Auswertungsbogen übertragen werden. Die entsprechenden T-Werte und Intervallmitten-Prozentränge (IM-PR) der passenden Altersgruppen für den Gesamttest und die Komponenten, die mittels der Normstichprobe ermittelt wurden, können in Tab. A.1 bis A.16 im Anhang ermittelt und ebenfalls auf den Auswertungsbogen übertragen werden (zur Interpretation siehe Abschn. 6.7).

Bei der Durchführung des ATEM 3-9 auf einem Computer oder Tablet ermittelt das Programm automatisch die entsprechenden IM-PR und T-Werte zu den Rohwerten des Kindes und erstellt ein Ergebnisprofil, das bei Bedarf abgerufen werden kann.

6.5 Systematische Falschantworten

Es kann vorkommen, dass Kinder systematische Falschantworten geben, z. B. indem sie unabhängig von der Frage immer dieselbe Emotion auswählen oder immer auf ein bestimmtes Emotionsbild in der Anordnung zeigen (z. B. immer auf das Bild oben links). Sollte dies der Fall sein, kann der Test nicht ausgewertet werden, weil nicht davon ausgegangen werden kann, dass das Kind eine Leistung erbringt, die seinen tatsächlichen Fähigkeiten entspricht. Gründe hierfür könnten z. B. sein, dass das Kind die Geschichte langweilig findet, es überfordert ist oder es einfach ein bestimmtes Emotionsbild besonders schön oder interessant findet. In jedem Fall von systematischen Falschantworten sollten die Gründe hierfür eruiert und mit dem Kind besprochen werden, ggf. muss die Testung wiederholt werden.

6.6 Fehlende Werte

Bei der Bearbeitung des Tests in der digitalen Version ist es fast nicht möglich, fehlende Werte zu generieren, da der Test vom Programm gesteuert wird. Sollten hier fehlende Werte aufkommen, liegt vermutlich ein technisches Problem vor und der technische Support sollte herangezogen werden.

Auch bei der Bearbeitung der Papierversion sollten unsystematische fehlende Werte nicht vorkommen, da der Test von der Testleitung durchgehend begleitet wird. Fehlende Werte könnten hier durch Protokollierungsfehler oder durch Fehler bei der Anwendung von Sprungregeln zustande kommen. Wenn keine Möglichkeit besteht, die Antworten des Kindes nachzutragen (z. B. weil die Antwort des Kindes noch im Gedächtnis ist oder aber das Item nacherhoben werden konnte), kann ein einzelner fehlender Wert bei der Summierung der richtigen Antworten außer Acht gelassen werden, wodurch das Ergebnis des Kindes schlimmstenfalls leicht unterschätzt wird. Bei mehr als einem fehlenden Wert kann das Testergebnis nicht mehr sinnvoll interpretiert werden.

6.7 Interpretation

Eine allgemein gut verständliche Möglichkeit zur Interpretation der Ergebnisse bieten die Intervallmitten-Prozentränge (IM-PR). Die Werte geben an, wie viel Prozent der jeweiligen Normstichprobe einen geringeren Rohwert erzielt haben. Sie geben daher etwas detailliertere Informationen als die klassischen kumulierten Prozentränge, die lediglich angeben, welcher Anteil der Kinder ein schlechteres oder gleich gutes Ergebnis erzielt hat (Woerner et al. 2017). Dabei können IM-PR sowohl für die Gesamttestebene als auch für die Komponenten berechnet werden. Zu beachten ist hierbei allerdings, dass Prozentränge ordinalskaliert sind und lediglich eine Rangfolge wiedergeben.

Eine weitere, etwas besser vergleichbare Möglichkeit zur Interpretation bietet der standardisierte T-Wert. Er gibt die Einstufung des individuellen Testergebnisses in Relation zur Normstichprobe wieder. T-Werte haben einen Mittelwert von 50 mit einer Standardabweichung von 10. Damit gelten Ergebnisse mit einem T-Wert unter 40 als unterdurchschnittlich, Ergebnisse mit einem T-Wert zwischen 40 und 60 als durchschnittlich und Ergebnisse mit einem T-Wert über 60 als überdurchschnittlich.

T-Werte ermöglichen den Vergleich von Ergebnissen unterschiedlicher Komponenten des ATEM 3-9 aber auch mit anderen Messinstrumenten.

Mittels der im Anhang aufgeführten Tabellen können den in dem ATEM 3-9 erzielten Rohwerten eines Kindes auf Ebene der einzelnen Komponenten und des Gesamttests die entsprechenden IM-PR und T-Werte zugeordnet werden. Wie bereits in Abschn. 4.4 erwähnt, stehen jeweils Normtabellen für einsprachige Kinder und für ein- und mehrsprachige Kinder zur Verfügung.

Ein durchschnittlicher T-Wert im ATEM 3-9-Gesamttest bedeutet, dass das Emotionswissen des Kindes insgesamt altersgerecht entwickelt ist. Es könnte jedoch sein, dass sich überdurchschnittliche Werte in einem Bereich des Emotionswissens und unterdurchschnittliche Werte in einem anderen Bereich herausmitteln. Daher ist immer zu empfehlen, die Ergebnisse auch auf Komponentenebene zu interpretieren. Unterdurchschnittliche Werte in einzelnen Komponenten bieten damit Anhaltspunkte für Interventionen, während überdurchschnittliche Werte in einzelnen Komponenten als Ressourcen wahrgenommen werden können.

Anhang

Tab. A.1 Normtabelle für Komponente 1 (Emotionen Erkennen) für ein- und mehrsprachige Kinder

	3 Jahre		4 Jahre		5 Jahre		6 Jahre		7 Jahre		8 Jahre		9 Jahre	
RW	PR	T	PR	T	PR	T	PR	T	PR	T	PR	T	PR	T
0	1	27	1	27										
1	9	37	3	31	1	27								
2	29	44	9	37	2	29	1	27						
3	53	51	21	42	5	34	3	31	1	27				
4	73	56	38	47	11	38	8	36	6	34	1	27	2	29
5	89	62	63	53	30	45	24	43	18	41	10	37	9	37
6	98	71	89	62	71	56	68	55	63	53	59	52	57	52

Tab. A.2 Normtabelle für Komponente 2 (Situationen) für ein- und mehrsprachige Kinder

	3 Jahre		4 Jahre		5 Jahre		6 Jahre		7 Jahre		8 Jahre		9 Jahre	
RW	PR	T	PR	T	PR	T	PR	T	PR	T	PR	T	PR	T
0	5	34	4	32	1	27			1	27			1	27
1	27	44	14	39	4	32	1	27	3	31				
2	56	52	28	44	12	38	5	34	6	34			2	29
3	78	58	48	50	30	45	16	40	11	38	3	31	5	34
4	91	63	71	56	56	52	38	47	28	44	14	39	17	40
5	97	69	89	62	79	58	64	54	55	51	39	47	48	50
6	99	73	98	71	95	66	88	62	85	60	78	58	84	60

Tab. A.3 Normtabelle für Komponente 3 (Wünsche) für ein- und mehrsprachige Kinder

	3 Jahre		4 Jahre		5 Jahre		6 Jahre		7 Jahre	8 Jahre		9 Jahre		
RW	PR	T	PR	T	PR	T	PR	T	PR	T	PR	T	PR	T
0	47	49	34	46	19	41	9	37	8	36	1	27	1	27
1	95	66	69	55	41	48	21	42	17	40	5	34	3	31
2	95	66	72	56	51	50	30	45	28	44	17	40	17	40
3			79	58	68	55	54	51	56	52	43	48	42	48
4	97	69	90	63	86	61	82	59	84	60	76	57	73	56
5	99	73	98	71	97	69	97	69	97	69	96	68	96	68

K. Voltmer, M. von Salisch, *ATEM 3-9 Adaptiver Test des Emotionswissens*,
SpringerTests, https://doi.org/10.1007/978-3-662-59358-5

Tab. A.4 Normtabelle für Komponente 4 (Gemischte Emotionen) für ein- und mehrsprachige Kinder

	3 Jahre		4 Jahre		5 Jahre		6 Jahre		7 Jahre		8 Jahre		9 Jahre	
RW	PR	T	PR	T	PR	T	PR	T	PR	T	PR	T	PR	T
0	48	50	36	46	21	42	12	38	10	37	1	27	3	31
1			77	57	47	49	28	44	24	43	5	34	8	36
2	96	68	86	61	60	53	42	48	35	46	12	38	18	41
3	98	71	94	66	76	57	64	54	58	52	32	45	36	46
4	99	73	98	71	92	64	86	61	85	60	65	54	66	54
5			100	> 71	99	73	98	71	98	71	91	63	93	65

Tab. A.5 Normtabelle für Komponente 5 (Überzeugungen) für ein- und mehrsprachige Kinder

	3 Jahre		4 Jahre		5 Jahre		6 Jahre		7 Jahre		8 Jahre		9 Jahre	
RW	PR	T	PR	T	PR	T	PR	T	PR	T	PR	T	PR	T
0	47	49	39	47	25	43	17	40	11	38	5	34	5	34
1	95	66	83	60	63	53	48	50	33	46	16	40	18	41
2	97	69	91	63	83	60	68	55	54	51	33	46	34	46
3			95	66	93	65	85	60	75	57	57	52	55	51
4			97	69	97	69	96	68	91	63	80	58	78	58
5			98	71	99	73	98	71	98	71	94	66	94	66

Tab. A.6 Normtabelle für Komponente 6 (Ausdrucksregeln) für ein- und mehrsprachige Kinder

	3 Jahre		4 Jahre		5 Jahre		6 Jahre		7 Jahre		8 Jahre		9 Jahre	
RW	PR	T	PR	T	PR	T	PR	T	PR	T	PR	T	PR	T
0	47	49	37	47	28	44	15	40	13	39	5	34	5	34
1	95	66	79	58	67	54	48	50	41	48	21	42	23	43
2	97	69	89	62	87	61	80	58	75	57	61	53	57	52
3			96	68	97	69	97	69	96	68	94	66	89	62
4			97	69			100	> 69			97	69	99	73
5														

Tab. A.7 Normtabelle für Komponente 7 (Emotionsregulationsstrategien) für ein- und mehrsprachige Kinder

	3 Jahre		4 Jahre		5 Jahre		6 Jahre		7 Jahre		8 Jahre		9 Jahre	
RW	PR	T	PR	T	PR	T	PR	T	PR	T	PR	T	PR	T
0	22	42	13	39	9	37	3	31	4	32	2	29	4	32
1	64	54	44	48	35	46	16	40	21	42	13	39	20	42
2	91	63	75	57	67	54	45	49	49	50	42	48	48	50
3	98	71	93	65	90	63	82	59	82	59	81	59	82	59

Tab. A.8 Normtabelle für den Gesamttest für ein- und mehrsprachige Kinder

	3 Jahre		4 Jahre		5 Jahre		6 Jahre		7 Jahre		8 Jahre		9 Jahre	
RW	PR	T	PR	T	PR	T	PR	T	PR	T	PR	T	PR	T
0														
1	2	29												
2	7	35	2	29	1	27								
3	13	39	6	34	2	29								
4	26	44	10	37										
5	42	48	15	40	3	31	1	27	1	27			1	27
6	57	52	24	43	5	34	2	29	3	31				
7	72	56	33	46	9	37	4	32	6	34			2	29
8	83	60	43	48	15	40	8	36	9	37				
9	90	63	55	51	24	43	11	38			1	27		
10	92	64	64	54	32	45	15	40	13	39				
11	93	65			35	46								
12					36	46	15	41	15	40				
13			68	55	38	47							3	31
14	94	66	69	55	40	47	19	41	16	40				
15					41	48	20	42			2	29	5	34
16	95	66	71	56	45	49	22	42	18	41	3	31	7	35
17	95	66	73	56	52	50	26	44	22	42	5	34	10	37
18	96	68	76	57	59	52	31	45	25	43	8	36	14	39
19			81	59	65	54	38	47	29	44	10	37	18	41
20			84	60	71	56	45	49	35	46	14	39	20	42
21			88	62	76	57	55	51	44	48	18	41	26	44
22	98	71	91	63	82	59	65	54	52	50	25	43		
23			94	66	87	61	73	56	59	52	35	46	34	46
24					90	63	79	58	68	55	44	48	44	48
25			95	66	93	65	86	61	77	57	53	51	55	51
26			96	68	96	68	92	64	84	60	65	54	66	54
27					97	69	96	68	90	63	78	58	76	57
28					98	71	97	69	94	66	87	61	85	60
29			97	69			98	71	97	69	91	63	91	63
30							98	71	98	71	94	66	94	66
31			97	69			99	73					97	69
32											97	69	98	71
33													99	73
34														
35														

Tab. A.9 Normtabelle für Komponente 1 (Emotionen Erkennen) für einsprachige Kinder

	3 Jahre		4 Jahre		5 Jahre		6 Jahre		7 Jahre		8 Jahre		9 Jahre	
RW	PR	T	PR	T	PR	T	PR	T	PR	T	PR	T	PR	T
0	1	27												
1	8	36	2	29										
2	29	44	7	35	2	29	1	27						
3	53	51	18	41	3	31	3	31						
4	73	56	35	46	9	37	8	36	3	31			2	29
5	89	62	60	53	29	44	23	43	12	38	8	36	9	37
6	97	69	89	62	71	56	68	55	59	52	57	52	58	52

Tab. A.10 Normtabelle für Komponente 2 (Situationen) für einsprachige Kinder

	3 Jahre		4 Jahre		5 Jahre		6 Jahre		7 Jahre		8 Jahre		9 Jahre	
RW	PR	T	PR	T	PR	T	PR	T	PR	T	PR	T	PR	T
0	6	34	5	34					1	27				
1	27	44	14	39	3	31	1	27						
2	57	52	26	44	11	38	5	34	3	31			1	27
3	79	58	47	49	28	44	13	39	7	35	2	29	3	31
4	93	65	70	55	52	50	34	46	19	41	12	38	16	40
5	97	69	89	62	75	57	62	53	45	49	36	46	47	49
6	99	73	98	71	94	66	88	62	81	59	77	57	84	60

Tab. A.11 Normtabelle für Komponente 3 (Wünsche) für einsprachige Kinder

	3 Jahre		4 Jahre		5 Jahre		6 Jahre		7 Jahre		8 Jahre		9 Jahre	
RW	PR	T	PR	T	PR	T	PR	T	PR	T	PR	T	PR	T
0	47	49	33	46	17	40	8	36	4	32	1	27	1	27
1	95	66	68	55	37	47	17	40			5	34		
2	96	68	70	55	47	49	27	44	17	40	17	40	16	40
3			78	58	63	53	52	50	45	49	41	48	42	48
4	98	71	90	63	83	60	82	59	78	58	74	56	75	57
5			97	69	96	68	97	69	96	68	96	68	97	69

Tab. A.12 Normtabelle für Komponente 4 (Gemischte Emotionen) für einsprachige Kinder

	3 Jahre		4 Jahre		5 Jahre		6 Jahre		7 Jahre		8 Jahre		9 Jahre	
RW	PR	T	PR	T	PR	T	PR	T	PR	T	PR	T	PR	T
0	48	50	35	46	18	41	10	37	6	34			3	31
1			76	57	41	48	25	43	12	38	3	31	7	35
2			85	60	54	51	41	48	22	42	9	37	16	40
3	96	68	93	65	71	56	62	53	48	50	29	44	35	46
4	97	69	98	71	90	63	84	60	81	59	64	54	66	54
5			100	>71	99	73	97	69	98	71	91	63	93	65

Tab. A.13 Normtabelle für Komponente 5 (Überzeugungen) für einsprachige Kinder

	3 Jahre		4 Jahre		5 Jahre		6 Jahre		7 Jahre		8 Jahre		9 Jahre	
RW	PR	T	PR	T	PR	T	PR	T	PR	T	PR	T	PR	T
0	47	49	39	47	24	43	16	40	8	36	4	32	6	34
1	95	66	83	60	62	53	45	49	25	43	14	39	18	41
2	97	69	91	63	83	60	65	54	44	48	30	45	31	45
3			95	66	92	64	83	60	67	54	55	51	51	50
4					97	69	95	66	87	61	80	58	76	57
5			98	71	99	73	98	71	97	69	95	66	94	66

Tab. A.14 Normtabelle für Komponente 6 (Ausdrucksregeln) für einsprachige Kinder

	3 Jahre		4 Jahre		5 Jahre		6 Jahre		7 Jahre		8 Jahre		9 Jahre	
RW	PR	T	PR	T	PR	T	PR	T	PR	T	PR	T	PR	T
0	47	49	36	46	26	44	13	39	8	36	4	32	5	34
1			79	58	64	54	46	49	30	45	19	41	22	42
2	96	68	90	63	86	61	79	58	69	55	60	53	57	52
3			97	69	97	69	96	68	95	66	95	66	90	63
4			98	71			100	>68			98	71		
5														

Tab. A.15 Normtabelle für Komponente 7 (Emotionsregulationsstrategien) für einsprachige Kinder

	3 Jahre		4 Jahre		5 Jahre		6 Jahre		7 Jahre		8 Jahre		9 Jahre	
RW	PR	T	PR	T	PR	T	PR	T	PR	T	PR	T	PR	T
0	23	43	12	38	8	36	3	31	4	32	1	27	3	31
1	64	54	42	48	33	46	13	39	18	41	12	38	20	42
2	90	63	72	56	64	54	40	47	46	49	43	48	47	49
3	97	69	92	64	89	62	80	58	82	59	82	59	81	59

Tab. A.16 Normtabelle für den Gesamttest für einsprachige Kinder

	3 Jahre		4 Jahre		5 Jahre		6 Jahre		7 Jahre		8 Jahre		9 Jahre	
RW	PR	T	PR	T	PR	T	PR	T	PR	T	PR	T	PR	T
0	3	31												
1	7	35												
2	12	38	2	29										
3	25	43	5	34	1	27								
4	41	48	9	37										
5	58	52	14	39	2	29	1	27	1	27				
6	74	56	21	42	4	32	2	29						
7	85	60	30	45	7	35	3	31	3	31			1	27
8	91	63	39	47	13	39	6	34	5	34				
9	93	65	52	50	21	42	9	37						
10	3	31	63	53	28	44	13	39	7	35				
11			2	29	31	45								
12							16	40						
13					33	46							3	31
14	94	66	67	54			17	40						
15					35	46	18	41			1	27	5	34
16			70	55	40	47	19	41	8	36	2	29	8	36
17	95	66	72	56	48	50	22	42	10	37	5	34	11	38
18	96	68	75	57	55	51	28	44			7	35	16	40
19			80	58	60	53	35	46	15	40	9	37	18	41
20			83	60	66	54	42	48	21	42	12	38		
21			87	61	72	56	52	50	28	44	16	40	22	42
22	97	69	90	63	77	57	62	53	40	47	21	42		
23			93	65	83	60	70	55	48	50	32	45	28	44
24					88	62	77	57	56	52	42	48	40	47
25			95	66	92	64	85	60	66	54	51	50	53	51
26			96	68	95	66	91	63	76	57	64	54	66	54
27					96	68	95	66	85	60	78	58	78	58
28					98	71	96	68	92	64	87	61	88	62
29			97	69			97	69	95	66	92	64	92	64
30							98	71	97	69	95	66	95	66
31			98	71			99	73					97	69
32											98	71	99	73
33														
34														
35														

Literatur

Adams, R. J., & Wu, M. L. (2003). *PISA Programme for International Student Assessment (PISA). PISA 2000 Technical Report.* OECD Publishing. https://www.oecd.org/pisa/data/33688233.pdf. Zugegriffen am 27.04.2021.

Albanese, O., Grazzani, I., Molina, P., Antoniotti, C., Arati, L., Farina, E., et al. (2006). Children's emotion understanding. Preliminary data from the Italian validation project of Test of Emotion Comprehension (TEC). In F. Pons, M. F. Daniel, L. Lafortune, P. A. Doudin & O. Albanese (Hrsg.), *Toward emotional competences* (S. 39–53). Aalborg: Aalborg University Press.

Becker, B., Klein, O., & Biedinger, N. (2013). The development of cognitive, language, and cultural skills from age 3 to 6. A comparison between children of Turkish origin and children of native-born German parents and the role of immigrant parents' acculturation to the receiving society. *American Educational Research Journal, 50*, 616–649.

Begeer, S., Koot, H. M., Rieffe, C., Meerum Terwogt, M., & Stegge, H. (2008). Emotional competence in children with autism. Diagnostic criteria and empirical evidence. *Developmental Review, 28*, 342–369. https://doi.org/10.1016/j.dr.2007.09.001.

Bennett, D. S., Bendersky, M., & Lewis, M. (2005). Antecedents of emotion knowledge. Predictors of individual differences in young children. *Cognition & Emotion, 19*, 375–396. https://doi.org/10.1080/02699930441000201.

Bond, T., & Fox, C. M. (2015). *Applying the Rasch model: Fundamental measurement in the human sciences.* London: Routledge.

Bosacki, S. L., & Moore, C. (2004). Preschoolers' understanding of simple and complex emotions. Links with gender and language. *Sex Roles, 50*(9/10), 659–675. https://doi.org/10.1023/B:SERS.0000027568.26966.27.

Brock, L. L., Rimm-Kaufman, S. E., Nathanson, L., & Grimm, K. J. (2009). The contributions of 'hot' and 'cool' executive function to children's academic achievement, learning-related behaviors, and engagement in kindergarten. *Early Childhood Research Quarterly, 24*, 337–349. https://doi.org/10.1016/j.ecresq.2009.06.001.

Bulgarelli, D., & Molina, P. (2016). Social cognition in preschoolers. Effects of early experience and individual differences. *Frontiers in Psychology, 7*, 1762. https://doi.org/10.3389/fpsyg.2016.01762.

Caliendo, M., & Kopeinig, S. (2008). Some practical guidance for the implementation of propensity score matching. *Journal of Economic Surveys, 22*(1), 31–72.

Castro, V. L., Cheng, Y., Halberstadt, A. G., & Grühn, D. (2016). EUReKA! A conceptual model of emotion understanding. *Emotion Review, 8*, 258–268. https://doi.org/10.1177/1754073915580601.

Castro, V. L., Cooke, A. N., Halberstadt, A. G., & Garrett-Peters, P. (2018). Bidirectional linkages between emotion recognition and problem behaviors in elementary school children. *Journal of Nonverbal Behavior, 42*, 155–178. https://doi.org/10.1007/s10919-017-0269-9.

Chong, S. C. F., Werker, J. F., Russell, J. A., & Carroll, J. M. (2003). Three facial expressions mothers direct to their infants. *Infant and Child Development, 12*, 211–232. https://doi.org/10.1002/icd.286.

K. Voltmer, M. von Salisch, *ATEM 3-9 Adaptiver Test des Emotionswissens*,
SpringerTests, https://doi.org/10.1007/978-3-662-59358-5

Cohen, J. (1988). *Statistical power analysis for the behavioral sciences* (2. Aufl.). Hillsdale: Erlbaum.

Cole, P. M. (1986). Children's spontaneous control of facial expression. *Child Development, 57*, 1309–1321. https://doi.org/10.2307/1130411.

Cole, P. M., Dennis, T. A., Smith-Simon, K. E., & Cohen, L. H. (2009). Preschoolers' emotion regulation strategy understanding. Relations with emotion socialization and child self-regulation. *Social Development, 18*, 324–352. https://doi.org/10.1111/j.1467-9507.2008.00503.x.

Cutting, A. L., & Dunn, J. (1999). Theory of mind, emotion understanding, language, and family background. Individual differences and interrelations. *Child Development, 70*, 853–865. https://doi.org/10.1111/1467-8624.00061.

Da Fonseca, D., Seguier, V., Santos, A., Poinso, F., & Deruelle, C. (2009). Emotion understanding in children with ADHD. *Child Psychiatry & Human Development, 40*, 111–121. https://doi.org/10.1007/s10578-008-0114-9.

De Stasio, S., Fiorilli, C., & Di Chiacchio, C. (2014). Effects of verbal ability and fluid intelligence on children's emotion understanding. *International Journal of Psychology, 49*, 409–414. https://doi.org/10.1002/ijop.12032.

Denham, S. A. (1986). Social cognition, prosocial behavior, and emotion in preschoolers. Contextual validation. *Child Development, 57*, 194–201. https://doi.org/10.2307/1130651.

Denham, S. A. (1998). *Emotional development in young children* (The Guilford series on social and emotional development). New York: Guilford Press.

Denham, S. A., & Brown, C. A. (2010). „Plays nice with others". Social-emotional learning and academic success. *Early Education & Development, 21*, 652–680. https://doi.org/10.1080/10409289.2010.497450.

Denham, S. A., Bassett, H. H., Way, E., Mincic, M., Zinsser, K., & Graling, K. (2012). Preschoolers' emotion knowledge. Self-regulatory foundations, and predictions of early school success. *Cognition & Emotion, 26*, 667–679. https://doi.org/10.1080/02699931.2011.602049.

Dittmann, J. (2012). *Der Spracherwerb des Kinders. Verlauf und Störungen* (3., überarb. Aufl.). München: C.H. Beck.

Doan, S. N., & Wang, Q. (2010). Maternal discussions of mental states and behaviors. Relations to emotion situation knowledge in European American and immigrant Chinese children. *Child Development, 81*, 1490–1503. https://doi.org/10.1111/j.1467-8624.2010.01487.x.

Downs, A., Strand, P., & Cerna, S. (2007). Emotion understanding in English- and Spanish-speaking preschoolers enrolled in head start. *Social Development, 16*, 410–439. https://doi.org/10.1111/j.1467-9507.2007.00391.x.

Dubowy, M., Ebert, S., von Maurice, J., & Weinert, S. (2008). Sprachlich-kognitive Kompetenzen beim Eintritt in den Kindergarten. Ein Vergleich von Kindern mit und ohne Migrationshintergrund. *Zeitschrift für Entwicklungspsychologie und Pädagogische Psychologie* [Verbal and cognitive competencies of young preschool-children: A comparison between children with and without background of migration], *40*, 124–134. https://doi.org/10.1026/0049-8637.40.3.124.

Dunn, L. M., & Dunn, D. M. (2007). *Peabody picture vocabulary test* (4. Aufl.). Minneapolis: NCS Pearson.

Fabes, R. A., Eisenberg, N., Nyman, M., & Michealieu, Q. (1991). Young children's appraisals of others' spontaneous emotional reactions. *Developmental Psychology, 27*, 858–866. https://doi.org/10.1037/0012-1649.27.5.858.

Fidalgo, A. M., Tenenbaum, H. R., & Aznar, A. (2018). Are there gender differences in emotion comprehension? Analysis of the test of emotion comprehension. *Journal of Child and Family Studies, 27*(4), 1065–1074. https://doi.org/10.1007/s10826-017-0956-5.

Fine, S. E., Izard, C. E., Mostow, A. J., Trentacosta, C. J., & Ackerman, B. P. (2003). First grade emotion knowledge as a predictor of fifth grade self-reported internalizing behaviors in children from economically disadvantaged families. *Development and Psychopathology, 15*(2), 331–342.

Fisseni, H. J. (2004). *Lehrbuch der psychologischen Diagnostik. Mit Hinweisen zur Intervention* (3., überarb. u. erw. Aufl.). Göttingen: Hogrefe.

Fivush, R., Brotman, M. A., Buckner, J. P., & Goodman, S. H. (2000). Gender differences in parent-child emotion narratives. *Sex Roles, 42*(3/4), 233–253. https://doi.org/10.1023/A:1007091207068.

Gal-Szabo, D. E., Spinrad, T. L., Eisenberg, N., & Sulik, M. J. (2019). The relations of children's emotion knowledge to their observed social play and reticent/uninvolved behavior in preschool: Moderation by effortful control. *Social Development, 28*, 57–73.

Garner, P. W., & Waajid, B. (2012). Emotion knowledge and self-regulation as predictors of preschoolers' cognitive ability, classroom behavior, and social competence. *Journal of Psychoeducational Assessment, 30*, 330–343. https://doi.org/10.1177/0734282912449441.

Garrett-Peters, P., Mills-Koonce, R., Zerwas, S., Cox, M., & Vernon-Feagans, L. (2011). Fathers' early emotion talk. Associations with income, ethnicity, and family factors. *Journal of Marriage and Family, 73*, 335–353. https://doi.org/10.1111/j.1741-3737.2010.00810.x.

Grimm, H. (2015). *SETK 3-5: Sprachentwicklungstest für drei- bis fünfjährige Kinder (3;0-5;11 Jahre). Diagnose von Sprachverarbeitungsfähigkeiten und auditiven Gedächtnisleistungen* (Language development test for three- to five-year-old children, 3. Aufl.). Göttingen: Hogrefe.

Grob, A., & Hagmann-von Arx, P. (2018). *Intelligence and Development Scales – 2. Intelligenz- und Entwicklungsskalen für Kinder und Jugendliche* (1. Aufl.). Göttingen: Hogrefe.

Grob, A., Reimann, G., Gut, J., & Frischknecht, M. C. (2013). *Intelligence and Develoment Scales Preschool (IDS-P). Intelligenz- und Enwicklungsskalen für das Vorschulalter*. Bern: Huber.

von Grünigen, R., Kochenderfer-Ladd, B., Perren, S., & Alsaker, F. D. (2012). Links between local language competence and peer relations among Swiss and immigrant children. The mediating role of social behavior. *Journal of School Psychology, 50*, 195–213. https://doi.org/10.1016/j.jsp.2011.09.005.

Hagmann-von Arx, P., Petermann, F., & Grob, A. (2013). Konvergente und diskriminante Validität der WISC-IV und der Intelligence and Development Scales (IDS) bei Kindern mit Migrationshintergrund. *Diagnostica, 59*, 170–182. https://doi.org/10.1026/0012-1924/a000091.

Harris, P. L. (1992). *Das Kind und die Gefühle. Wie sich das Verständnis für die anderen Menschen entwickelt (Huber-Psychologie-Sachbuch* (1. Aufl.). Bern: Huber.

Harter, S., & Buddin, B. J. (1987). Children's understanding of the simultaneity of two emotions. A five-stage developmental acquisition sequence. *Developmental Psychology, 23*, 388–399.

Heinze, J. E., Miller, A. L., Seifer, R., & Locke, R. (2015). Emotion knowledge, loneliness, negative social experiences, and internalizing symptoms among low-income preschoolers. *Social Development, 24*, 240–265. https://doi.org/10.1111/sode.12083.

Hughes, C., & Dunn, J. (2002). ‚When I say a naughty word'. A longitudinal study of young children's accounts of anger and sadness in themselves and close others. *British Journal of Developmental Psychology, 20*, 515–535.

In-Albon, T., & Pfeiffer, S. (2015). *Messverfahren für emotionale Kompetenz bei Kindern im Vor- und Grundschulalter. Handbuch Installation und Anwendung*. Koblenz-Landau: Campus Landau.

Izard, C. E., Haskins, F. W., Schultz, D., Trentacosta, C. J., & King, K. A. (2003). *Emotion Matching Task. Unpublished test (Contains 182 standardized color photos of children's emotion expressions)*. Newark: University of Dalaware.

Janke, B. (2006). *Skala zur Erfassung des Emotionswissens für 3- bis 10-jährige Kinder*. Heidelberg: Pädagogische Hochschule.

Janke, B. (2010). Was kannst Du tun, um Dich nicht mehr zu fürchten? Strategien zur Furchtregulation im Kindergartenalter. *Praxis der Kinderpsychologie und Kinderpsychiatrie, 59*, 561–575.

Kahana-Kalman, R., & Walker-Andrews, A. S. (2001). The role of person familiarity in young infants' perception of emotional expressions. *Child Development, 72*, 352–369. https://doi.org/10.1111/1467-8624.00283.

Kårstad, S. B., Wichstrøm, L., Reinfjell, T., Belsky, J., & Berg-Nielsen, T. S. (2015). What enhances the development of emotion understanding in young children? A longitudinal study of interpersonal predictors. *British Journal of Developmental Psychology, 33*, 340–354. https://doi.org/10.1111/bjdp.12095.

Ketelaars, M. P., van Weerdenburg, M., Verhoeven, L., Cuperus, J. M., & Jansonius, K. (2010). Dynamics of the theory of mind construct. A developmental perspective. *European Journal of Developmental Psychology, 7*, 85–103. https://doi.org/10.1080/17405620903482081.

Kiese-Himmel, C. (2005). *Aktiver Wortschatztest für 3- bis 5-jährige Kinder – Revision*. Göttingen: Hogrefe.

Klein, M. R., Moran, L., Cortes, R., Zalewski, M., Ruberry, E. J., & Lengua, L. J. (2018). Temperament, mothers' reactions to children's emotional experiences, and emotion understanding predicting adjustment in preschool children. *Social Development, 27*, 351–365. https://doi.org/10.1111/sode.12282.

Kromm, H., Färber, M., & Holodynski, M. (2015). Felt or false smiles? Volitional regulation of emotional expression in 4-, 6-, and 8-year-old children. *Child Development, 86*, 579–597. https://doi.org/10.1111/cdev.12315.

Larsen, J. T., To, Y. M., & Fireman, G. (2007). Children's understanding and experience of mixed emotions. *Psychological Science, 18*, 186–191.

Lenhard, A., Lenhard, W., Segerer, R., & Suggate, S. P. (2015). *Peabody picure vocabulary test – Revision IV (Deutsche Adaption)*. Frankfurt a. M.: Pearson Assessment GmbH.

Lugo-Candelas, C., Flegenheimer, C., McDermott, J. M., & Harvey, E. (2017). Emotional understanding, reactivity, and regulation in young children with ADHD symptoms. *Journal of Abnormal Child Psychology, 45*(7), 1297–1310.

McKown, C., Russo-Ponsaran, N. M., Allen, A., Johnson, J. K., & Warren-Khot, H. K. (2016). Social-emotional factors and academic outcomes among elementary-aged children. *Infant and Child Development, 25*, 119–136.

Merz, E. C., Zucker, T. A., Landry, S. H., Williams, J. M., Assel, M., Taylor, H. B., et al. (2015). Parenting predictors of cognitive skills and emotion knowledge in socioeconomically disadvantaged preschoolers. *Journal of Experimental Child Psychology, 132*, 14–31. https://doi.org/10.1016/j.jecp.2014.11.010.

Misailidi, P. (2006). Young children's display rule knowledge. Understanding the distinction between apparent and real emotions and the motives underlying the use of display rules. *Social Behavior and Personality, 34*, 1285–1296. https://doi.org/10.2224/sbp.2006.34.10.1285.

Moosbrugger, H. (2012). Item-Response-Theorie (IRT). In *Testtheorie und Fragebogenkonstruktion* (S. 227–274). Berlin: Springer.

Morgan, J. K., Izard, C. E., & King, K. A. (2010). Construct validity of the emotion matching task. Preliminary evidence for convergent and criterion validity of a new emotion knowledge measure for young children. *Social Development, 19*, 52–70. https://doi.org/10.1111/j.1467-9507.2008.00529.x.

Petermann, F., & Gust, N. (2016). *Inventar zur Erfassung emotionaler Kompetenzen bei Drei- bis Sechsjährigen*. Göttingen: Hogrefe.

Petermann, F., & Wiedebusch, S. (2016). *Emotionale Kompetenz bei Kindern*. Göttingen: Hogrefe.

Ponitz, C. E., McClelland, M. M., Jewkes, A. M., Connor, C. M., Farris, C. L., & Morrison, F. J. (2008). Touch your toes! Developing a direct measure of behavioral regulation in early childhood. *Early Childhood Research Quarterly, 23*, 141–158. https://doi.org/10.1016/j.ecresq.2007.01.004.

Pons, F., & Harris, P. L. (2000). *Test of emotion comprehension. TEC*. Oxford: Oxford University Press.

Pons, F., Harris, P. L., & de Rosnay, M. (2004). Emotion comprehension between 3 and 11 years. Developmental periods and hierarchical organization. *European Journal of Developmental Psychology, 1*, 127–152. https://doi.org/10.1080/17405620344000022.

Qualter, P., Urquijo, I., Henzi, P., Barrett, L., & Humphrey, N. (2019). Ability emotional intelligence and children's behaviour in the playground. *Social Development, 28*, 430–448.

von Salisch, M., & Voltmer, K. (2020). Sagt das Emotionswissen von jungen Kindern ihre phonologische Bewusstheit im Entwicklungsverlauf voraus? *Kindheit und Entwicklung, 29*, 221–228. https://doi.org/10.1026/0942-5403/a000320.

von Salisch, M., Hormann, O., Koch, K., Cloos, P., & Mähler, C. (Hrsg.). (2021). *Fühlen Denken Sprechen – Alltagsintegrierte Sprachbildung in Kindertagesstätten*. Münster: Waxmann.

von Salisch, M., Hänel, M., & Denham, S. A. (2015a). Self-regulation, language skills, and emotion knowledge in young children from northern Germany. *Early Education & Development, 26*, 792–806. https://doi.org/10.1080/10409289.2015.994465.

von Salisch, M., Klinkhammer, J., & Hänel, M. (2015b). Welche kognitiven Fähigkeiten von jungen Kindern sagen ihre Fortschritte beim Wissen über Emotionen voraus? In P. Cloos, K. Koch & C. Mähler (Hrsg.), *Entwicklung und Förderung in der frühen Kindheit. Interdisziplinäre Perspektiven* (S. 115–132). Weinheim: Juventa.

von Salisch, M., Denham, S. A., & Koch, T. (2017). Emotion knowledge and attention problems in young children. A cross-lagged panel study on the direction of effects. *Journal of Abnormal Child Psychology, 45*(1), 45–56. https://doi.org/10.1007/s10802-016-0157-5.

von Salisch, M., Hormann, O., Koch, K., Cloos, P., & Mähler, C. (Hrsg.). (2020). *Fühlen Denken Sprechen – Alltagsintegrierte Sprachbildung in Kindertagesstätten*. Münster: Waxmann.

Schreyer, I., & Petermann, U. (2010). Verhaltensauffälligkeiten und Lebensqualität bei Kindern im Vorschulalter und deren Mütter. *Zeitschrift für Gesundheitspsychologie, 18*, 119–129.

Schultz, D., Izard, C. E., Ackerman, B. P., & Youngstrom, E. A. (2001). Emotion knowledge in economically disadvantaged children. Self-regulatory antecedents and relations to social difficulties and withdrawal. *Development and Psychopathology, 13*, 53–67.

Sette, S., Bassett, H. H., Baumgartner, E., & Denham, S. A. (2015). Structure and validity of Affect Knowledge Test (AKT) in a sample of Italian preschoolers. *The Journal of Genetic Psychology, 176*, 330–347. https://doi.org/10.1080/00221325.2015.1075466.

Sidera, F., Amadó, A., & Serrat, E. (2013). Are you really happy? Children's understanding of real vs. pretend emotions. *Current Psychology, 32*, 18–31. https://doi.org/10.1007/s12144-012-9159-9.

Southam-Gerow, M. A., & Kendall, P. C. (2002). Emotion regulation and understanding. Implications for child psychopathology and therapy. *Clinical Psychology Review, 22*(2), 189–222.

Streubel, B., Gunzenhauser, C., Grosse, G., & Saalbach, H. (2020). Emotion-specific vocabulary and its contribution to emotion understanding in 4- to 9-year-old children. *Journal of Experimental Child Psychology, 193*, 104790. https://doi.org/10.1016/j.jecp.2019.104790.

Tarullo, A. R., Bruce, J., & Gunnar, M. R. (2007). False belief and emotion understanding in post-institutionalized children. *Social Development, 16*, 57–78. https://doi.org/10.1111/j.1467-9507.2007.00372.x.

Taumoepeau, M., & Ruffman, T. (2006). Mother and infant talk about mental states relates to desire language and emotion understanding. *Child Development, 77*, 465–481. https://doi.org/10.1111/j.1467-8624.2006.00882.x.

Tenenbaum, H. R., Alfieri, L., Brooks, P. J., & Dunne, G. (2008). The effects of explanatory conversations on children's emotion understanding. *British Journal of Developmental Psychology, 26*, 249–263. https://doi.org/10.1348/026151007X231057.

Trainor, L. J., Austin, C. M., & Desjardins, R. N. (2000). Is infant-directed speech prosody a result of the vocal expression of emotion? *Psychological Science, 11*, 188–195. https://doi.org/10.1111/1467-9280.00240.

Trentacosta, C. J., & Fine, S. E. (2010). Emotion knowledge, social competence, and behavior problems in childhood and adolescence. A meta-analytic review. *Social Development, 19*, 1–29. https://doi.org/10.1111/j.1467-9507.2009.00543.x.

Trentacosta, C. J., Izard, C. E., Mostow, A. J., & Fine, S. E. (2006). Children's emotional competence and attentional competence in early elementary school. *School Psychology Quarterly, 21*, 148–170. https://doi.org/10.1521/scpq.2006.21.2.148.

Voltmer, K. (2019). Validierung des Adaptiven Tests des Emotionswissens für drei- bis neunjährige Kinder (ATEM 3-9). *Diagnostica*, 1–14. https://doi.org/10.1026/0012-1924/a000244.

Voltmer, K., & von Salisch, M. (2017). Three meta-analyses of children's emotion knowledge and their school success. *Learning and Individual Differences, 59*, 107–118. https://doi.org/10.1016/j.lindif.2017.08.006.

Voltmer, K., & von Salisch, M. (2019). Native-born German and immigrant children's development of emotion knowledge. A latent growth curve analysis. *British Journal of Developmental Psychology, 37*, 112–129. https://doi.org/10.1111/bjdp.12262.

Wang, Q. (2001). „Did you have fun?“. American and Chinese mother-child conversations about shared emotional experiences. *Cognitive Development, 16*, 693–715. https://doi.org/10.1016/S0885-2014(01)00055-7.

Wang, Q. (2003). Emotion situation knowledge in American and Chinese preschool children and adults. *Cognition & Emotion, 17*, 725–746. https://doi.org/10.1080/02699930302285.

Wang, Q. (2008). Emotion knowledge and autobiographical memory across the preschool years. A cross-cultural longitudinal investigation. *Cognition, 108*, 117–135. https://doi.org/10.1016/j.cognition.2008.02.002.

Wang, W. C., Chen, P. H., & Cheng, Y. Y. (2004). Improving measurement precision of test batteries using multidimensional item response models. *Psychological Methods, 9*(1), 116.

Wellman, H. M., & Banerjee, M. (1991). Mind and emotion. Children's understanding of the emotional consequences of beliefs and desires. *British Journal of Developmental Psychology, 9*, 191–214. https://doi.org/10.1111/j.2044-835X.1991.tb00871.x.

Wentzel, K. R. (1999). Social influences on school adjustment: Commentary. *Educational Psychologist, 34*, 59–69.

Widen, S. C., & Russell, J. A. (2003). A closer look at preschoolers' freely produced labels for facial expressions. *Developmental Psychology, 39*, 114–128. https://doi.org/10.1037/0012-1649.39.1.114.

Widen, S. C., & Russell, J. A. (2008). Children acquire emotion categories gradually. *Cognitive Development, 23*, 291–312. https://doi.org/10.1016/j.cogdev.2008.01.002.

Widen, S. C., & Russell, J. A. (2010). Differentiation in preschooler's categories of emotion. *Emotion, 10*, 651–661. https://doi.org/10.1037/a0019005.

Wintre, M. G., & Vallance, D. D. (1994). A developmental sequence in the comprehension of emotions. Intensity, multiple emotions, and valence. *Developmental Psychology, 30*, 509–514. https://doi.org/10.1037/0012-1649.30.4.509.

Woerner, W., Müller, C., & Hasselhorn, M. (2017). Bedeutung und Berechnung der Prozentränge und T-Werte beim Erstellen von Testnormen. Anmerkungen und Empfehlungen. *Begabungen und Talente. Jahrbuch der pädagogisch-psychologischen Diagnostik, Tests & Trends, 15*, 245–263.

Zajdel, R. T., Bloom, J. M., Fireman, G., & Larsen, J. T. (2013). Children's understanding and experience of mixed emotions. The roles of age, gender, and empathy. *The Journal of Genetic Psychology, 174*, 582–603. https://doi.org/10.1080/00221325.2012.732125.